ちくま文庫

本の身の上ばなし

出久根達郎

筑摩書房

目次

本の身の上ばなし

イラスト　南伸坊

主婦の関所破り

福岡発、五カ月間の長旅

有為《うい》転変は人の世の習いだが、書物にも数奇な運命がある。本の身の上は、本にかかわる人の物語でもある。いくつか、語ろう。

俳優の高倉健《たかくらけん》は、手紙好きで知られる。手紙を好む者は文章家が多い。高倉は飾らぬ名文をつづった。

「成田からパリへ向かう機中で、彼に突然話しかけられたときは、正直いって、面倒くさくもあったし、煩《わずら》わしくもあった」

こう書きだされたエッセイは、見ず知らずの「彼」の「ちょっといい話」で、彼は「ぼくの隣の空いている席を指して、『三分、座っていいでしょうか』と言う。隣の空席をうらめしく思ったものの、ぼくの占有席ではない。『どうぞ』と答えた」。

彼は自分はあなたと同郷です、と語った。

「同じ福岡県の出身というだけで、身体《からだ》をおおっていたよろいの厚さは半分になる。一瞬にして、迷惑な、という思いが薄れていく」――ね？　巧みな構文でしょう？

先が読みたくなりますが、それは高倉の著書『あなたに褒められたくて』で楽しんで下さい。

語りたいのは高倉の生地・福岡県中間《なかま》市底井野《そこいの》の商家「小松屋」の主婦のことである。

民謡にも歌われたほどの飛びきりの美人だった。その上、本が好きで学問を好み、国学者・伊藤常足《つねたり》の門下生である。歌も詠む。名を小田宅子《おだいえこ》という。

宅子は天保十二（一八四一）年閏《うるう》正月十六日、同門の女性三人と男の従者三人を連れ、伊勢参りにでかけた。伊勢神宮参拝は当時は珍しくない旅行だが、宅子のそれは伊勢にとどまらず、名古屋から中仙道をとり信州の善光寺に、更に日光から江戸に足を延ばしたのである。帰りは甲府を経て上諏訪を回り、東海道に出て京見物をすませたのち、大坂から船で九州に向かう。風待ちのため丸亀に泊まったり、無事に家に着いたのは、六月十二日。実に五カ月間、およそ八百里（三二〇〇キロ）の長旅であった。女性の脚で、である。しかも宅子は五十三歳である。平均寿命が男女共四十歳

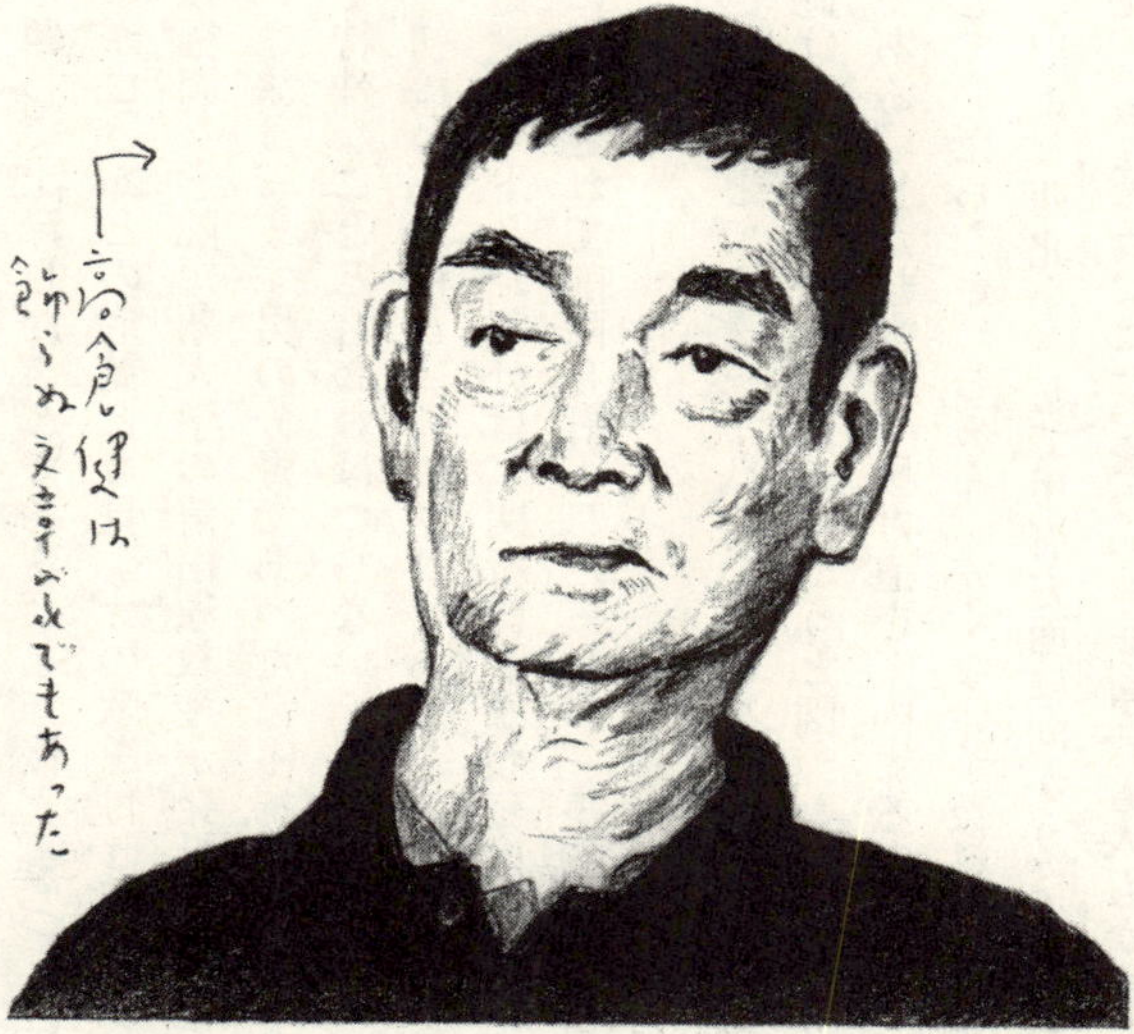
「高倉健は
飾らぬ文章の人でもあった

の時代、これは驚くべき壮挙であった。宅子の偉いのは、大旅行から十年後、思い出を『東路日記《あずまじ》』と題して記録したことである。七年後、「家づとに（家のみやげ）摘みて帰りし鏡草　わが亡きあとの形見とも見よ」の歌を付して清書し、子孫に遺した。一九五〇年代に福岡女学院短期大学の前田《まえだ》淑《よし》教授が発見し、世に紹介した。主婦の旅日記は、珍しい。旅は、まず男の分野であった。主婦が行楽のために五カ月も家を空けるのは、ごく特殊なことと言わねばならない。

『東路日記』は、初稿と決定稿と二部残されてあった。見くらべると、一部の記述がカットされている。カットした部分は、関所にかかわる事柄であった。前田教授によると、師の常足に指摘されて削除し訂正したらしい。差障《さしさわ》りのある記述だったのである。

「箱根のうらを越《こえ》しめんとて……三十八里の間に裏番所と云物《いふもの》三所に有り」

箱根の関所を避けて、ひそかに間道を行こうと図ったのである。いわゆる関所破り、見つかると極刑である。しかし当時、抜け道を案内する者がいて、多くの旅人が危険をおかして利用していたらしい。むろん、安くない手数料を払ったろう。

宅子は鎌倉、藤沢より西北をさして甲府方面に向かう。「うら番所」の一つ、鼠坂の関を越えるため、「さまさまこころをなやます事我も人もかぎりなし」。道の手引をする者も、命と引き換えだから真剣である。日が暮れてから、「こころもうちさわぎて、畠の中、桑のはやしなどおしわけつつ、甲斐国へ通ふ道筋へいでむとて、勝浦川をわたり、いそぎて小原村へつく」。

暗闇の道なき道を、おそらく足音を殺して、走りに走ったのである。

怖い思いは、川崎でも体験した。六郷《ろくごう》川を渡って二里半ばかり過ぎ、長い松原が尽きようかという時、裸の男ども七、八人が追いかけてきた。「道のしるべ（道案内）せんといふに、我も人もおそれて、こころをなやますことかぎりなし」

断っても断っても付いてくる。「おくれんとすれば是もまたおくる」。連中をやり過ごそうと足を遅らせると、連中も歩をゆるめる。「いそがんとすればまたいそぐ」。早めると、相手も早める。しつこいったら、ない。

日が傾く頃に、ようやく神奈川に着いた。白幡屋という宿に飛び込み、連中から逃れたが、「このよは、かの男子どもにおそれて、やすくもいねず」。

『東路日記』は田辺聖子が、『姥《うば》ざかり花の旅笠』という題で小説化している。宅子は明治三（一八七〇）年八十二歳で亡くなった。

うっかり言い忘れる所だった。高倉健は宅子の直系の子孫である。

野中千代子の『女大学』

夫の気象観測支えた忍耐

「千代子は道灌山《どうかんやま》の頂《いただき》に立って富士山を見ていた」

新田次郎の長篇『芙蓉《ふよう》の人』の、冒頭の一節である。

道灌山は東京北部の台地にあり、芙蓉は富士山の雅称、芙蓉の人は美人をいい、この小説では千代子を指すが、広い意味で、明治二十八（一八九五）年に冬の富士山頂において、越年の気象観測に挑んだ野中至《のなかいたる》と千代子夫妻を示している。

天気は高い空から変わる。日本一高い富士の頂上で気象観測を年中続けたなら、天気予報は必ず当たる。そう確信した野中至は、独力私費で富士山に測候所を建てた。一人で観測する予定だったが、妻が、二人の方が何かと都合がよいからと、無理に割り込んだのである。

何しろ二時間置きに観測しなければならない。一日十二回、時間は厳守、病気やケガで休むわけにいかない。交代要員は絶対必要、と千代子は山頂で夫を説得した。た

野中千代子

たき出されようと、ここから動かぬ、とがんばった。

至もついに根負けした。千代子は初めの頃は炊事や火の番（ストーブ）など裏方に徹していたが、そのうち風速計、気圧計など機器の読みとり、数値の記録他を担当するようになった。見よう見真似《まね》で覚えたのだが、以前からひそかに気象関係書を読んでいたのである。

かくて六坪の、夫婦だけの山頂生活が始まった。南側二坪の部屋に二段ベッド、上が夫で下が妻である。まん中に二坪の薪炭《しんたん》室、北側は二坪の機械室である。覚悟していたが、冬の寒気は並大抵でない。零下二十度を超えた。

千代子は風邪を引いた。扁桃腺《へんとうせん》が腫れ、化膿《かのう》した。呼吸ができない。至は錐《きり》の先を炎で焼き、千代子に口を開かせて突いた。腫れ物の皮が破れ血膿《ちうみ》があふれ出た。翌日、ものが言えるようになった。

水分のある物はすべて凍った。炊いたカユをストーブの傍《そば》におくと、一時間ほどで氷となった。氷をとかして刷毛《はけ》をひたしたら、誤って鉄器に触れた。刷毛が吸いついて凍り、引いても動かない。そのまま毛を引きちぎった。そんな悲惨な状況を、千代子は『芙蓉日記』に、即興の狂歌まじりに記す。

「欲ばりてやかんあたまの刷毛おやぢ　金《かね》に付《つい》たら迚《とて》もはなれず」

飲み水を作るため、戸外の氷を取りに行くのもひと苦労である。入口の戸は凍って動かない。煮え湯を敷居に流すそばから凍ってしまう。窓のガラスを内側に引き放って、ここから這《は》い出る。風強く、着物の裾は髪の上に吹き上げられる。

「いつも外の面《とも》はかゝる風にいたづらせられて其姿のあやしげなる、わきて女には恐ろしくて又《また》恥かし、あたりに人目なければこそ」

千代子は明治女性の代表、と作家は言う。「現在の世に、野中千代子ほどの情熱と気概と勇気と忍耐を持った女性が果たしているであろうか」

野中夫妻の富士山頂滞在は、明治二十八年九月三十日夜から十二月二十二日までだが、至の病が重いため観測を中断し下山に至った。千代子は救出され、十六日後には体験記『芙蓉日記』を報知新聞に連載している。

そしてその年、万朝《よろずちょうほう》報紙が懸賞募集していた「新撰女大学」文に応募して、見事一等賞に輝いた。『女大学』は江戸期の女子修身書だが、これの現代版を四百字詰め原稿用紙十枚以内でまとめるのである。

選者は哲学者の加藤弘之、漢学者の三島中洲《ちゆうしゆう》、国文学者の木村正辞《まさこと》、歌人の税所《さいしよ》敦子、国文学者の福羽美静《ふくばびせい》の五人で、結果は明治三十年一月十五日に発表された。同日、一二三等三人の作品が二十八頁の小冊子に仕立てられ、万朝報の付録に添えられた。

千代子の『芙蓉日記』は、最近まで幻の文章だったが、この『新撰女大学』も、物が物だけに現在稀少である。一部紹介する。原文は句読点がなく読みにくいので、適宜施した。

「人の世にあるみな身を修め、家を治むるをつとめとす。古きことばに国の本《もと》は家にあり、家の本は身にあり、といへり。身をさまらざれば家とゝのはず、家とゝのはざれば国さかんならず（略）凡《およ》そ女子のつとめは、家をとゝのふるにあり。故にまづ女徳とて、心さま正うして善なるべし」

「女徳とは、一に貞操、二に温順、三に倹約、四に恭謹、五に親切、六に寛容、七に仁愛、八に忍耐、九に和楽、十に勤勉をいふ」

そして一から十までを順に説く。八の忍耐を読んでみる。「忍耐とはこらゆるなり。物事に堪忍《かんにん》するをいふ。凡そ世の中は、わが心にかなはざる事多しと知るべし（略）万《よろづ》の業《わざ》をなすも苦労を堪忍して、其《そ》のわざをつとむるより成就せり」

千代子は一九二三年大流行のインフルエンザで死去。五十三歳。至は昭和三十年死去。八十九歳だった。

子母澤寛の筆名

大学時代に書いた廉価本

作家・子母澤寛の『新選組始末記』は、異色の作品である。創作でなく、新選組の生き残りの人たちの聞き書きで成り立っている。

現代女性に人気の美男隊士、沖田総司の最期はこうだ。沖田は新選組きっての剣の使い手で、天才と謳《うた》われたが、肺の病で二十五で死んだ。死の直前、庭の黒猫を斬ろうとしたが、どうしても斬れない。黒猫は今日も来ているか。看病の老女に尋ねて絶命した。

子母澤は老女の話を聞いた沖田の遺族を取材した。大正七（一九一八）年、読売新聞記者の子母澤は、土曜の夜行で京都に行き、翌日いっぱい新選組ゆかりの人を訪ねて話を聞くと、夜行で帰り、翌朝会社に出た。これを毎週続けていた。十年後、聞き書きを一冊にまとめた。新選組の最良の基礎文献として、小説を書く者がいまだに恩恵をこうむっている。

子母澤が小説家としてデビューしたのは昭和六（一九三一）年で、『弥太郎笠』『国定忠治』などの遊俠小説で人気を得た。やがて『勝海舟』『父子鷹《おやこ》』『おとこ鷹』など幕末物の時代小説に移る。

明治大学法学部に在学中（明治四十四〜大正三年）、アルバイトに「みどり生」の筆名で、何冊かの廉価本を書いた。ベストセラーの柳川春葉《やながわしゅんよう》『生さぬ仲《な》』に便乗して、その類の本を出した、と語っている。

一体どのような内容の小説だろう？　子母澤文学に傾倒していた筆者は、是非読みたくて、一生懸命に探した。パソコンやスマホのない時代である。古書店の通販目録で見つけるしかなかった。『新なさぬ仲』という本が見つかった。目録には著者名が無く、「やなぎ文庫」とある。「みどり生」は匿名だし、本には名を出さないいんだろう、と独り合点し注文したら、運よく当たって（古書は一点限りなので早い者がち）、送られてきた。

ところが、表紙に「梧葉著」とあり、奥付には著者名はなく、「柳文庫編輯部《へんしゅう》」とある。梧葉が、みどり生なのだろうか？　なんだか腑《ふ》に落ちない。

ある日、例によって古書目録を眺めていたら、『小説金瓶梅』なる本が目に飛び込んできた。著者名が「やなぎ生」とあり、発行年は明治四十四年である。発行所は日

子母澤寛

吉堂本店で、ここは子母澤の言う「廉価本」の版元である。著者名が異なるけれど、これが子母澤の筆名なのではないか、と閃《ひらめ》いた。みどり生は、本人の思い違いだろう。そう確信したのは、先の『新なさぬ仲』の「やなぎ文庫」が頭にあったからである。「柳は緑　花は紅」という成句がある。みどり生とやなぎ生は、同一人に相違ない。勇躍、発注した。本が届いた。

早速読んでみると、タイトルは中国の有名な古典だが、内容はそれと全く関係がなく、水滸伝の趣向を借りて、時代を日本の足利期に設定し、文の兄と武の弟の、それぞれの妻がからんだ物語。「風は次第に吹き募って来た。されど蓆帆《むしろほ》一枚なる武松《たけまつ》の船は、其《それ》を半ば下すより他に、何の用事も無い」。どことなく子母澤の匂いのする文章なのである。

本書の巻末広告には、やなぎ生の『小説みなし子』と、『小説棄児』の二冊が出ている。こちらも入手して調べてみようと、手を尽したが、一向に見つからない。

そうこうしているうちに、突然、みどり生の著書が出現したのである。しかも、いっぺんに二冊。落手のいきさつは省く。本は、『小説親の罪』明治四十四年十二月三日発行、もう一冊は『小説悲惨』、こちらは明治四十五年一月十五日発行である。版元はどちらも日吉堂本店。「海は蒼然《さうぜん》として暮れて了《しま》つた、波の音のみが星明りの夜に響く、松風の音も微《かすか》にする、漁村の火が闇に明滅する何となく淋しい夏の夜だ……」これが『親の罪』の書き出し、物語は鎌倉海岸を散策する青木八束《やつか》と美子《よしこ》の、新婚カップルの会話から始まる。

しあわせいっぱいの二人だが、昨年大学を首席卒業したばかりの八束には、秘密があった。美子の女学校同窓生の吉井くに子と、かつて親密な交際をしていたのである。くに子は子を生んだ。その子は里子に出された。くに子は金持ちの道楽息子に乞われて嫁に行った。

八束のスキャンダルを知る二人の学友が、一方は八束の味方となり、片方は敵となって、いろいろ細工をする。隠し子の存在が顕《あらわ》れ、夫婦は決裂する。八束とくに子は、別々に塩原にいるわが子に会いに行く。

愛児の死と共に物語は幕を閉じるのである。『小説悲惨』は、札幌の町大工、吉太郎と、妹の桃子《とうこ》の波乱の人生を描く。江戸弁を遣う吉太郎が北海道人とは違和感があるが、子母澤が書いたなら不思議ではない。子母澤は今の石狩市で、江戸の御家人で元彰義隊の祖父に溺愛されて育った。子守歌のように江戸弁を聞いていたはずだ。

朝日融渓は何者？　宗教家が起こした怪事

「雲、鳥、秋の風、合歓《ねむ》の花、草、水の色、夕焼の空、夜の町の燭《あかり》、美しい人の心、これ等のものを除いてどこに人生があらう」

とは吉田絃二郎の随筆「草の花あり」の一節だが、文章は、これらのもの、美しい人間の心が失われたとしたら私は生きている価値を見いだせない、と続く。

吉田絃二郎は今は読まれなくなった作家だが、大正から昭和十年代は、『草光る』『わが詩わが旅』『小鳥の来る日』などの随筆集で、若者の熱狂的な支持を得た人だった。センチメンタルな文章が好まれた。『吉田絃二郎全集』全十八巻（新潮社刊）がある。

一九三六（昭和十一）年四月の初め、雑誌「旅と伝説」五月号を開いていた吉田は、目が点になった。本誌は通算百号の記念号で、吉田も寄稿していた。自分の作品の前に、「民族と土地と言葉」という題の文章が載っている。

盗作された人
吉田絃二郎

一九二七（昭和二）年に吉田は『土と人と言葉』という著書を出している。似たような題なので、吉田は読んでみた。すると、冒頭の「私は最近必要に迫られて」以外、最後まで吉田の『土と人と言葉』の文章なのである。吉田の書き出しは、「わたくしはこのごろ」で、この部分のみ違う。筆者は、「朝日《あさひ》融渓《ゆうけい》」とあった。これは印刷ミスで、何らかの事情で朝日氏と自分の旧作の文章が入り混ったものであろう。吉田はそう考え、雑誌編集部に通報した。

驚いたのは編集部で、早速調べたところ、筆者の融渓は次号の原稿もすでに届けていて、それも吉田の旧作そのままだった。編集部が本人に問い質《ただ》すと、自分は昔から吉田絃二郎のファンで、文章の勉強に原文を書き写していた、筆写した原稿を誤って編集部に送ってしまった、と釈明し、謝罪文を書くと約束した。

ところが話はこれですまなかった。三六年二月に三笠書房から朝日融渓の名で発行された『人生の道』が、まるまる一冊、吉田の旧作の引き写しだった。釈迦《しゃか》が釈尊、芸術が念仏などと改められていたり、文末に「と思ふ」と加えられただけだった。

更に二年前に大同館書店が出した融渓著『真理を生かすもの　宗教随筆』も、内容は吉田の旧作であった。調べると、各種の宗教雑誌にも、吉田の文章が盗用されていた。

昭和十一（一九三六）年五月二十六日付の東京朝日新聞に、「著作界未聞の怪事」という記事が載った。「〝涙の作家〟吉田氏から　十数年『感想』を盗む」とある。報道によると、融渓は女学校（実名）の教頭で、倫理担当の宗教家である。月刊誌『話』の八月号に、須木喬平が「吉田絃二郎著作剽窃《ひょうせつ》事件の真相『涙の詩人』は何を語ったか」を執筆している。吉田には「涙の作家」「涙の詩人」の愛称があったようだ。吉田は須木の取材に、朝日とは一面識もない人で、なぜこんなことをしたのか判断に苦しむ、円満な解決を図るつもりだったが、おおやけになり困惑している、朝日の著書の残部は一切、回収した、と話している。

そのせいか、『人生の道』『真理を生かすもの』の二冊は、古書で見つからない。朝日融渓の著書は、筆者の調べでは全部で十七冊ある。大正十一年一月二十日発行の、『親鸞聖人の出現と其思想』がデビュー作である。幼なじみで、北陸中学の同窓生、梅原真隆と、「道友」富士川游（日本医学史の著者）が序文を記している。

宗教書の他に、『女王エリザベス』などの歴史書がある。『西洋文化史論十二講』という本も書いている。ダンテを論じた一節を読んでみる。「すべての詩人は、その生涯を知ることによつてよりよく諒解される。彼等が干与《かんよ》する事件を知れば、尚更《なほさら》よく諒解することが出来る」

次の文章には圏点《けんてん》が施されている。「迫害によつてその人格を完成していくところに真の偉大が存する。形骸を突破つて進むところに真の道は通ずるのである」

融渓には、『文芸復興史の研究』という七百十ページもの大冊の著もある。昭和六年の刊だが、同年、これの『概論』も発行した。驚くことに翌年には菊判三百五十ページの『史論と史実』を出版している。

冒頭の文章はこうだ。「ここに一冊の書物が書かれたとする。その書物は、世の中に流布せらるべき機会を得なければならない。何事かを教へる為にか、又は、人の心を惹《ひ》きつける為にか、又は、思想を形造る為にか、又は、興味を惹き起こす為にか（略）そのいづれであるにしても、その書かれてゐる内容である力を与へんが為に世の中に出されるのである」「或る個人のその生涯に於いてなしたる仕事の効果が、その周囲の人々に如何《いか》なる影響を与へたかは、その個人の性格を偲《しの》ぶ要件の一つである」

書き写しながら、ふと考えた。これは融渓本人の文章？　それとも？

「幻の本」の理由

復刊拒んだ辛口評論家

辛口のコラムで著名な山本夏彦に、「ないものに注目する」というエッセイがある。「そこにあるものは目にはいるが、ないものは目にはいらない。したがって、そこにないものに私は注目する」と切りだし、こう述べる。「そこにないものを見ないと、世の中のことは分らない。それというのも、ものはそこにあるものより、ないものから成ることが多いからである」

かつて古書界には初版本ブームというものがあった。初版なら辞書まで売れた（辞書の初版は誤植があり実用に向かない）。当時人気の初版の一冊に、『年《とし》を歴《へ》た鰐《わに》の話』があった。前記、山本夏彦のデビュー作である。

一九四一（昭和十六）年、桜井書店から発行された。菊判百十八ページ、五十三枚の挿画入り、上質紙本文の瀟洒《しょうしゃ》な本である。フランスの作家レオポール・ショヴォの文を山本が翻訳したもので、挿画もショヴォが描いている。

「この話の主人公は、大そう年をとつた鰐である。この鰐はまだ若い頃、ピラミッドが建てられるのを見た。今残つてゐるものも、壊されて跡かたも無くなつてしまつたものも見てゐる。ピラミッドなどといふものは、人が壊しさへしなければ、大地と共にいつまでも残つてゐるはずである」

これが書き出し。老いて病気になった鰐は、食物が得られないので手近のひ孫を食べた。非難された彼は旅に出る。足が十二本あるタコと仲よくなり、愛するようになる。足がうまそうなので毎晩こっそり一本ずつ食べた。タコは気づかず、とうとう全部平らげてしまい、彼は後悔して苦い涙を流した。そして――

という調子で実に淡々と物語は進む。これは何かの諷刺だろうか。老いた鰐の行動は、とんでもない深い意味を持つのだろうか。

本書は版を重ねた。戦後の昭和二十二年、装幀を改め、横開きの形にして同じ版元から出版した。いつまで何版増刷したのか、わからない。不思議なのは、この本が全く市場に現れないのである。初版のみでない。戦後の改装本も、杳《よう》として姿を見せない。

こんな面妖な話があろうか。明治二十二（一八八九）年、詩人・北村透谷は『楚囚《そしゆう》之詩《のし》』を出版したが、意に満たないため一冊だけ残して断裁した。天下に一本と言わ

「山本夏彦

れ伝説化していた本が、四十数年後に巷《ちまた》に出現し、その後、何冊か発見された。世に一冊しか存在しない本なんて、あるわけがない。

ところが『年を歴た鰐』に限って、原物が見つからないのである。夏彦ファンが血眼で探しているが、影すら見えない。一九七〇年代以降急増したファンは、著者に復刊を要望した。だが頑として応じない。理由を言わず固辞するのみ。

ようやく読者の渇が癒されたのは、二〇〇二年著者が亡くなった翌年である。文藝春秋が復刻した。底本にしたのは初版でなく、昭和二十二年版である（第何版になるのか不明）。これでとにかくも内容を知ることができた。同時に若き日の（『鰐』の初出は昭和十四年「中央公論」四月号。夏彦は二十四歳）、辛口評論家の文章が味わえたのである。

文章を評するなら、皮肉たっぷり、全く晩年のそれと違わない。二十代にして枯れた、まぎれもない夏彦翁である。

謎はなぜかくも本書が見当らないのか、だ。そして著者が復刊を拒んだのは、いかなる理由だろう？

筆者は先日、初版本を入手した。母をたずねて三千里、足を棒にして探し、ついに得た。四十数年、かかった。古本屋の私が、この苦労である。どんなに幻の本か、おわかりいただけよう。

表紙は無地の白い厚紙で、何の装飾も無い。背は茶のラバー貼りに、金文字で書名と著者名が入っている。白の見返しの次に、和紙を用いた書名入り扉で、次が目次（『年を歴た鰐』の他に二篇収録）。再び題紙があって、次ページから開いた右に本文、左に横向きの挿画となる。

初版と復刊本の内容を比べてみた。たった一カ所、文章が異なっていた。初版は「この母鰐は、まだ五百歳か六百歳以上にはなつてゐなかつたが」が、復刊本では「まだ五百歳以上にはなつてゐなかつたが」となっていた。

最もいちじるしい差異は、初版には文庫本大の八ページの小冊子が挟まれていることだった。内容は佐藤春夫、武林無想庵《たけばやしむそうあん》、都新聞、棟方志功《むなかたしこう》、吉田貫三郎《かんざぶろう》の五百字の推薦文と、山本夏彦の「解説」（これは復刊本に収められている）である。この小冊子は珍しい。

本書が売れたのは童話集と勘違いされたから、と夏彦は語っている。市場から姿を消したわけも、この辺にありそうだ。童話の本は漫画同様、捨てられる運命にある。ショヴォの絵が災いしたか。それと横開きの形。書棚に収まらぬ本は粗末に扱われる。

金もうけは先人の知恵

理に適った利殖の秘訣

人から借りて返さなくともいいものがある。借りっぱなしで、かつ、それから生まれた利益はみんな自分のものになる。それは何か。

先人の知恵である。このすばらしいものを、使わない手はない（谷孫六《たにまごろく》）。

報徳思想で殖産を説いた二宮尊徳が、広大な竹林を金をかけずに畠《はたけ》に変えられないか、と相談された。一年猶予の条件つきで引き受けた。春先、竹林に生えた筍《たけのこ》を、無料で人々に掘らせた。あいた穴に山芋を植えた。竹を伐採し、はげ山にした。秋になると無料で山芋を掘らせた。山芋は深く掘らないと収穫できない。かくて竹林は、大勢の人の手で労せずして掘り返された。竹の根も燃料に配られた。ただで、畑地ができた。

この話は尊徳の高弟から聞いた実話、と谷孫六は紹介した。その上で、次のような創作を加えた。すなわち人々に、炭を進呈するから木の根を掘ってこい、と触れた。

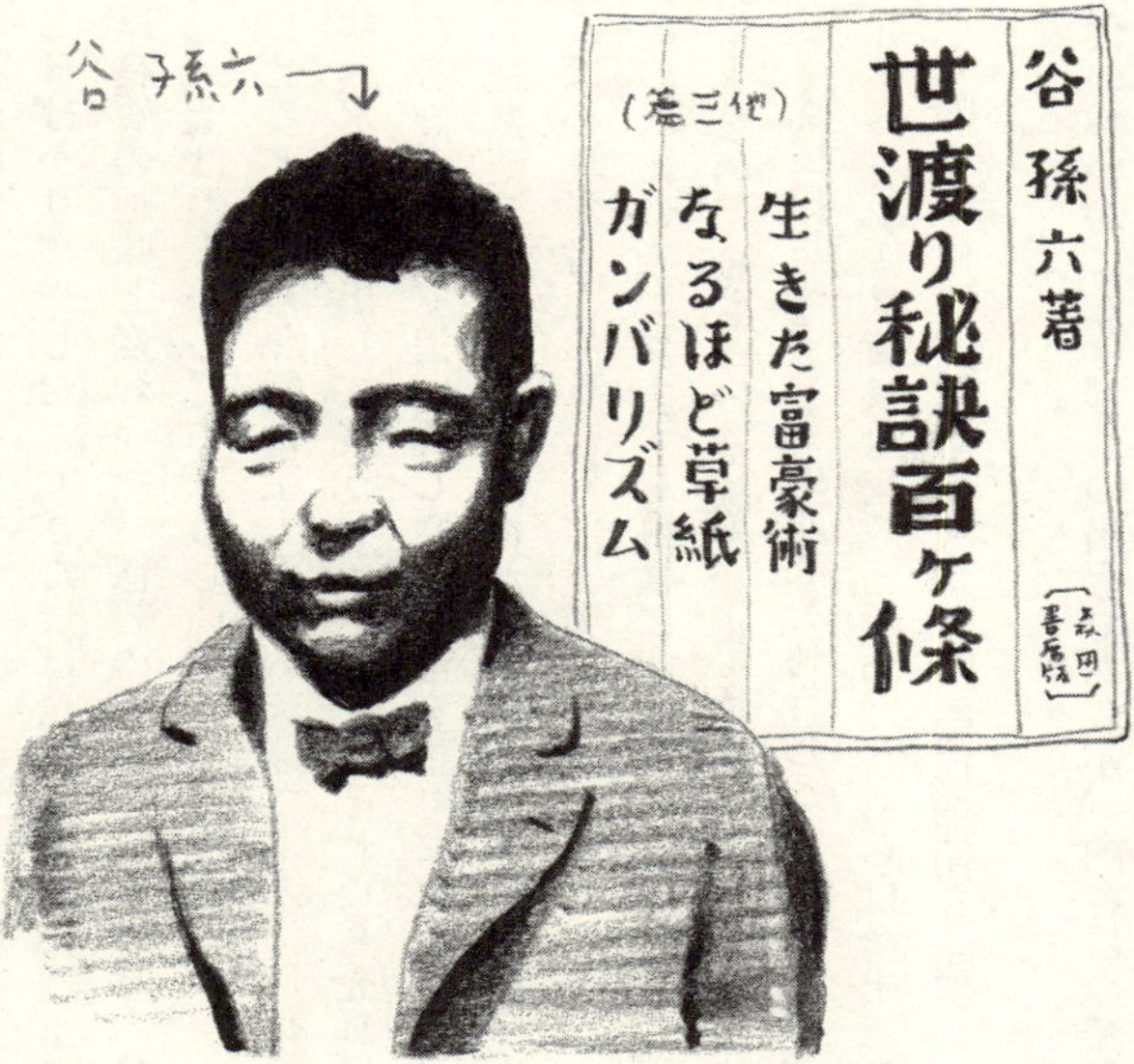
谷孫六
谷孫六著
世渡り秘訣百ヶ條
（森田書房版）
生きた富豪術
なるほど草紙
ガンバリズム
（他三巻）

集まった根っこの傍《そば》に大穴を深く掘らせ、籾殻《もみがら》と共にぶちこむと火をつけた。更に籾殻を振りかけ二日ばかり燃やした。できた炭は全部分配した。

かくて竹林は良質の地味《ちみ》と変わった。籾殻の灰は肥料となり、竹の根も焼き切られ、悪い地虫も絶え、土は柔らかく、すばらしい畑地が完成した。

谷孫六に言わせると、二宮尊徳は金もうけの天才である。江戸見物帰りの者が尊徳に、江戸では飲み水を金を出して買う、と話した。それなら売ればよい、と言った。米を借りに来た者を、怒って追い返したが、油を借りに来た者には、笑って貸した。前者は怠け者の証拠だと言い、後者は夜なべ（夜業）に精を出す働き者だ、と評した。尊徳は今で言えば心理学者だろう。

谷孫六は古今の人物のエピソードを縦横に駆使し、また利殖の秘訣を語る岡辰なる架空の老人が主人公の、金もうけ奇談を、書きも書いたり、『現代貨殖全集』と銘打って、昭和五（一九三〇）年より全十四巻を刊行した（春秋社刊）。この全集は内容もそのまま、タイトルを『勤倹貨殖全集』と改め、こちらは全十三巻で昭和十三年に再刊した（版元は商戦社）。他に、『金儲《かねもう》け実際談　岡辰押切り帳』や、『着眼の天才』他がある。

世界恐慌時代の、いかにもきわもの出版であるが、内容は今読んでも面白い。金銭欲や、一獲千金談は誰もが興味ある。貨幣の単位は変わったが、金に踊らされる人の弱さは全く昔のままなのだ。谷孫六のユニークさは、話が理に適《かな》っていることである。駄ぼらを吹いているわけではない。

たとえば、将来有望な金もうけは貸し駐車場だと予言する。昭和三年暮れの、銀座四丁目交差点の赤信号で停《と》まる車は十数台という（現代では考えられぬが、当時は東京中の車の数が、一万七千台内外だった）。

谷は車は年々増加すると見る。駐車場所の確保に苦労するだろう。銀座に広場は無い。

「ところが茲《ここ》に見逃すべからざるものは、立体的に伸びて行くビルデングの屋上だ、エレベーターの装置一つでどうにでもなる彼《か》の屋上である（略）自動車の持主と此屋上に連絡される電気釦《ボタン》一つで（略）自動車はエレベーターに依《よ》つて静かに下される、用意万端何等滞りなく行はれる、不便も不自由もない、明白な実用が行はれる」（『岡辰押切り帳』）

ね、すごいでしょう？　天下の銀座を横行する車が自転車、荷車、人力車、荷馬車が主で、自動車はわずか十数台の時代に、屋上ガレージの有望を説いているのである。

谷は、土の成分を研究すれば金になる、とも力説している。現代では当たり前にすぎないが、土には薬品や食料品になりうる要素がある、との主張は当時は荒唐無稽だったろう。しかし本人は大まじめだった。

谷自身、アイディアの一つを実践し成功している。

大正十四（一九二五）年七月、ラジオの本放送が始まった。東京毎夕新聞社の副社長だった谷は、「日刊ラヂオ新聞」を発行、放送番組とその解説を掲載した。新聞のいわゆる「ラ・テ欄」の創始である。谷は前年の巷《ちまた》のラジオ熱を見て、番組表の需要を確信した。谷の作った広告文。

「耳のラヂオに目のラヂオ　ラヂオに無くてならぬ日刊ラヂオ新聞」

谷は小学校を出ると種々の職業についた。二十四歳で先の新聞社に入社、頭角を現わした。川柳仲間の吉川英治を社に誘い、家庭欄を任せた。のちの文豪の長篇デビュー作の『親鸞記』を、同紙に連載させたのは谷孫六である。

谷の川柳名は矢野錦浪《きんろう》という。その作品。「晩飯を一緒に食うは儲けづく」「拾ふ気で振りかへつたが銭でなし」「何か云《い》ひながら押してく乳母車」「腕時計肘鉄砲の型で見る」「草花へ一人はしやがむ二人連れ」

本名を、矢野正世《まさよ》といい、谷孫六は母方の曾祖父の名を借りた。

三十の名を持つ作家

少年の自立支援と文筆活動

　新聞記者が小説家になった例は多い。だが記者から作家、そこから児童自立支援施設（東京感化院）を開設し活動したのは、この御仁《ごじん》くらいだろう。

　このかたの名前を掲げたいのだが、一体、どの名を記したら通りがよいのか、迷う。ざっと三十もの名を用いて手腕を発揮した人なのである。

　まず菊亭静の筆名で『滑稽新話　明治流行噓八百』（明治十六＝一八八三年刊）という戯作を書いている。「口先でころす浮れ女が剣の舌」の章は、こんな文章である。「彼《あ》れまアあんな口のわるい事許《ばか》り。なんですとへ宿なしの虱《しらみ》で口先で殺しますとへ旦那こそ洗濯屋の門口とやらで口にあくをもつてお出《いで》なさるよ……」「跡は野となれ山分け仕事」などという駄洒落が飛びかう。

　このような著作をこの年だけで、二十数冊出版している。菊亭静閲とある本を本人の筆とみて数えれば、もっと増える。『閻魔《えんま》大王判決録』は高瀬紫峰著・菊亭静閲とあるが、どちらも本人の筆名なのだ。他にも菊亭静著、高瀬恭助編、と記した本もある。

静は二十三歳の時、最初の本を出版した。甲府日日新聞記者時代で、明治九年、熊本で起きた神風連《じんぷうれん》事件を描いた『熊本伝報記』である。その四日後の萩の乱も『山口伝報記』と題して、同年にたて続けに刊行した。どちらも著者名は「高瀬茂顕」である。

以降、高真卿、高瀬真卿、高瀬羽皐《うこう》、鉄窓学人、等さまざまの筆名や号を使って、『桜田血染書』『尊攘紀聞筑波夢』などの歴史小説や、『全国新聞雑誌評判記』やボッカッチョ『デカメロン』の翻訳まで、多種多彩な文筆活動を展開している。

筆名の多さでは五十数種の正岡子規が有名だが（夏目金之助と親友になる以前に漱石という号を作っている）、菊亭の場合、彼が関与した自由民権運動や新聞紙条例などをはばかって、意識して名を変えたと思われる。筆禍で二度、下獄している。そこで監獄教誨師の存在を知った。菊亭静の凄いのは、それまで自分が経営していた『東北新報』や『東北毎日新聞』から手を引いて、自分が教誨師になってしまったことだ。

もともと説教や講演は好きだった。一時、講談師の内弟子となり、各地を回っていたくらいである。弁は立つし、話題も小説家だから豊富で面白い。人気の監獄教誨師

山下洋輔
高瀬真卿

となった。

ある日、彼の「教え子」が自宅を訪ねてきた。罪を許されて出てきたが、孤児の自分には帰る家も場所も無い。すっかり心を入れかえたから置いてくれ、と頼む。教誨師の立場上、冷淡に断われない。承知すると、うわさを聞いて、そのような少年が次々とやってきた。

引き受けているうちに、自宅に収まりきれなくなった。近くの寺を借り、少年たちを寝泊りさせた。食費は篤志家の寄付と、自著の印税を当てた。

これがわが国初の私立「東京感化院」創業のいきさつである。開業は明治十八年十月だった。菊亭が『東京感化院創業記』（明治二十九年刊）を著しているので、一節を読んでみる。著者名は、高瀬真卿である。

「欧米諸国監獄の事情を聞き、罪囚を減少せしむるの道を講するは国家の急務なりと云事に心付ぬ（略）罪囚を減するの策は出獄人を保護して再犯を防制すると、不良の少年を矯正して犯罪を予防するとの二途に如《し》かしと思ひ定めき」

明治二十八年、時の皇后のおぼしめしにより、羽沢の御料地が院にお貸下げになった。約四千坪の広大な土地である。将来一百名の若者を収容できる施設を新築すべく、真卿が自ら工事の設計に着手、一方、運営資金作りに奔走した。

真卿が出版を乱発したのは、この事業の維持のためであった。後年の著者名は、「羽皐隠史」「羽皐高瀬真卿」で統一している。

その一冊、『英雄と佩刀《はいとう》』（大正元＝一九一二年刊）の文章は、こんな調子である。

「後藤又兵衛」の項、又兵衛の虎退治のくだり。

「二丈余りの大岩の上よりヒラリと飛下るや否や大身《おほみ》の槍《やり》をしごいて虎が咽喉目掛《のどぶえ》てグサト突く、虎槍に取つき横目でジロリと見て『トラ聞えませぬ又兵衛さん』といふやうなお話昔の講釈師は材料の撰《えら》み方が上手だ」

羽皐は刀剣研究家でもあり、刀の本をたくさん書いている。水戸市の米問屋に生まれた。幼名を高瀬政吉という。大正十三年死去。辞世「ねがはくはいま十年《とゝせ》まり永らへて　うつりゆく世のさまを見ましや」。十六歳下の弟が、検事総長・司法大臣を務めた小山松吉である。小山の孫がジャズピアニストの山下洋輔である。山下は高瀬や小山、「五大監獄」設計者の父方の祖父を含めた一族の物語を、『ドバラダ門』『ドファラララ門』で書いている。

菊亭静に劣らぬ筆達者で、面白さといい破天荒といい、天下の奇著である。

実業家の探偵小説　現実の殺人事件を題材に

「滑稽新聞」「面白半分」など奇抜な諷刺雑誌を発行し、明治から昭和にかけて活躍した、反骨のジャーナリスト宮武外骨《みやたけがいこつ》に、「公私月報」という月刊誌がある。東京大学に明治新聞雑誌文庫を創設し、それらの収集と整理に奮闘していた頃、その苦労と成果を八ページの冊子で報告したもの。昭和九（一九三四）年第四十七号に、『小説　練絲痕《れんしこん》』という二十四ページの別冊付録をつけた。山梨日日新聞に連載されたものを、初めて一冊にまとめた。

作者は、靄渓学人《あいけいがくじん》。実業家・小林一三の筆名である（本名のイニシャルＩＫを漢字化）。

小林は十八歳、慶応義塾の学生だった。十四歳頃から文学に熱中していた。『練絲痕』の書き出しは、こうである。「レニス嬢は少しく笑《えみ》を漏らして薔薇《ばら》花を弄せるのみ、嬢の笑は真に花の笑に異ならず、花の笑をながめて楽《たのし》げに笑ひ居るは大森

若き日の小林一三

安雄なり……」

レニスと大森は一年前から相愛の仲であった。大森はひそかに婚約指輪を贈っている。しかしレニスの父（宣教師）が反対している。

その父がある夜、二人の賊によって殺される。賊を目撃したレニスの母は、女学校の教師である。大森は母に問う。賊の年恰好《かっこう》は？「ハンカチーフにした丶る涙を払ふて、夫人はいと細々しく答えり、二十二、三で色が白い方……語未《いま》だ終らず膝を進めながら安雄をにらめり」

小説は明治二十三（一八九〇）年四月十五日から掲載された。実はこの十一日前に、麻布区鳥居坂の東洋英和女学校長の夫ラージが、押し入った二人組の強盗に斬殺されたのである。

犯人は二十二、三歳の顔の長い男、一方は二十六、七の背の低い男で、二人は襟巻《えりまき》で面を包み合羽を着ていた。夫人をも傷つけ、何も奪わずに逃げた。一週間たったが、手がかりはなく、警視総監は三百円の懸賞を出して情報を求めた（十三年後に犯人が判明）。

小林一三は早速この事件を小説化したわけである。

警察は小林が内情を知る者と疑い詰問した。新聞社は思わぬ騒動に驚いて、連載を九回目で打ち切ってしまった。従って『練絲痕』は未完に終わっている。

明治文学研究者の柳田泉は、小林が小説に打ち込んでいたなら大成したかも、と評している。それはともかく、本作はわが国探偵小説の先駆の一つであることは間違いない。作中、恋人の会話に、「何かお用？」とある。当時は御用をお用と言っていたのだろうか。

山梨県生まれの小林は三井銀行勤務後、明治四十年箕面有馬電気軌道（現・阪急電鉄）を創業、宅地を開発し、動物園を造り、宝塚新温泉を営業し、少女歌劇団を設立、わが国最初のターミナルデパート阪急百貨店を開業、東宝映画社長、等々、多角的鉄道経営のパイオニアとして、八面六臂《ろっぴ》の活躍をした。

一番情熱を注いだのは、宝塚歌劇であった。大正二（一九一三）年、宝塚唱歌隊の名で発足し、大正八年に宝塚少女歌劇団と改めた。初期は小林が箕有山人、池田畑雄、落合一男、大菊福代、大菊福右衛門、他さまざまの筆名を用いて歌劇の台本を書いている。歌劇上演総目録に作者名が「宝塚少女歌劇団」とある。これの大半が小林の作品とみて間違いない、と『歌劇』昭和八年四月号「歌劇二十年記念祭特集」で、諸氏が証言している。

たとえば大正四年七月歌劇「舌切雀《すずめ》」の作者は詩人、薄田泣菫《すすきだきゅうきん》だが、薄田は第一幕のみで二幕は小林という。「兎《うさぎ》の春」「クレオパトラ」「雛祭《ひなまつり》」「桃色鸚鵡《おうむ》」「一寸法師」「鶯替《うそかえ》」、これらは小林の創作らしい。

少女歌劇は男子中学生の憧れの的となった。彼らは学校や親を憚《はばか》って、宝塚をホートンと呼び、仲間を誘う時はホートンコウ（行）と隠語を以《もっ》てした。小林は彼らを歓迎し、自作の幕間《まくあい》には観客席にやってきて、真剣に感想を求めた。どのような内容のものが見たいか、執拗に聞きただした。小林は先の『歌劇』誌に、「歌劇二十年」と題する詩を掲載している。最後の章は、こうである。

「あゝ、若人よ！乙女子よ！／矢より早き年月の／過去は語らじ未来花の／開けゆく世に限りなき／野路も街《ちまた》と変りゆく／五色のともしいつまでも／河原なでしこ宝塚！」

宮武の「公私月報」は昭和十五年百九号で終刊した（十八年に臨時号外を出している）。定期購読者は二百三十人ほどだった。小林もその一人である。本誌もだが別冊付録も、かつては稀覯《きこう》本だったが、昭和五十六年に復刻された。小林と宮武の縁も、恐らく『練絲痕』別冊付録がきっかけだろう。

もっとも小林は大の読書家であり、書物愛好家であった。本を通して、二人は古くからの知り合いだったかもしれぬ。筆まめなのも共通していた。

偽書の著者・岩本無縫

一高生の名かたる幻の発禁本

わずか百四十文字の文章を評価され『日本近代文学大事典』に名を残した者がいる。しかもその文章は生涯に公表された唯一のもので、日光華厳の滝上の楢《なら》の樹肌に記された遺書である。

明治三十六（一九〇三）年、十六歳の一高生・藤村操《ふじむらみさお》は、「万有の真相は唯一言にして悉《つく》す、曰《いは》く『不可解』」の「巖頭之感《がんとうのかん》」をのこして滝に投身自殺した。当時、「哲学的自殺」と騒がれ、多くの青少年たちに衝撃を与えた。藤村は漱石の教え子の一人である。

四年後、実は藤村が生存していて書いたという、『煩悶記《はんもんき》』なる本が出版され、社会の平和を乱すとの理由で、即発売禁止になった。市中に出る前に押さえられたらしく、誰も現物を見た者がない。完全に幻の発禁本である。

書物の世界の不思議さは、世に存在しないはずの本が、一九七〇年代に至って古書店に出現したのである。買ったのが、文芸評論家の谷沢永一《たにざわえいいち》氏であった。氏は天下一本の稀覯本を事故で失うことを恐れ、自著『遊星群　時代を語る好書録』明治篇で、全文を紹介した。そのため伝説の怪著を、私たちは読むことができるようになった。内容については谷沢氏の著書に当たってほしい。

語りたいのは、『煩悶記』の作者である。藤村操著はむろん嘘で、藤村の名を騙《かた》った、いわゆる偽書、巻頭に岩本無縫《いわもとむほう》なる者が「本書原稿の由来」を述べている。それによると明治三十七年のある日、無縫が一時心やすくしていた柚木唯在なる青年が、本書の草稿を見せ、これを担保に金を借りたいと言ってきた。藤村とどのような知りあいかは語らず、生前の藤村から話を聞いた友人の筆記であると言い、それに藤村が朱で手を入れた、と明かした。無縫は金を貸し、原稿を預かった。それきり柚木の音沙汰が無い。

「余は近時一二著作のことに従ふので本箱を捜した時」、この『煩悶記』に気がついた。かかる折、近所に火事があり、この原稿を灰にしては申しわけないと思い、「佐久良書房細川君に渡した」。

佐久良書房は泉鏡花の『高野聖《こうやひじり》』など文学書を出版していた。細川は社主だが、『煩悶記』は也奈義《やなぎ》書房から出た。細川の口利きらしい。也奈義書房は佐久良書房が

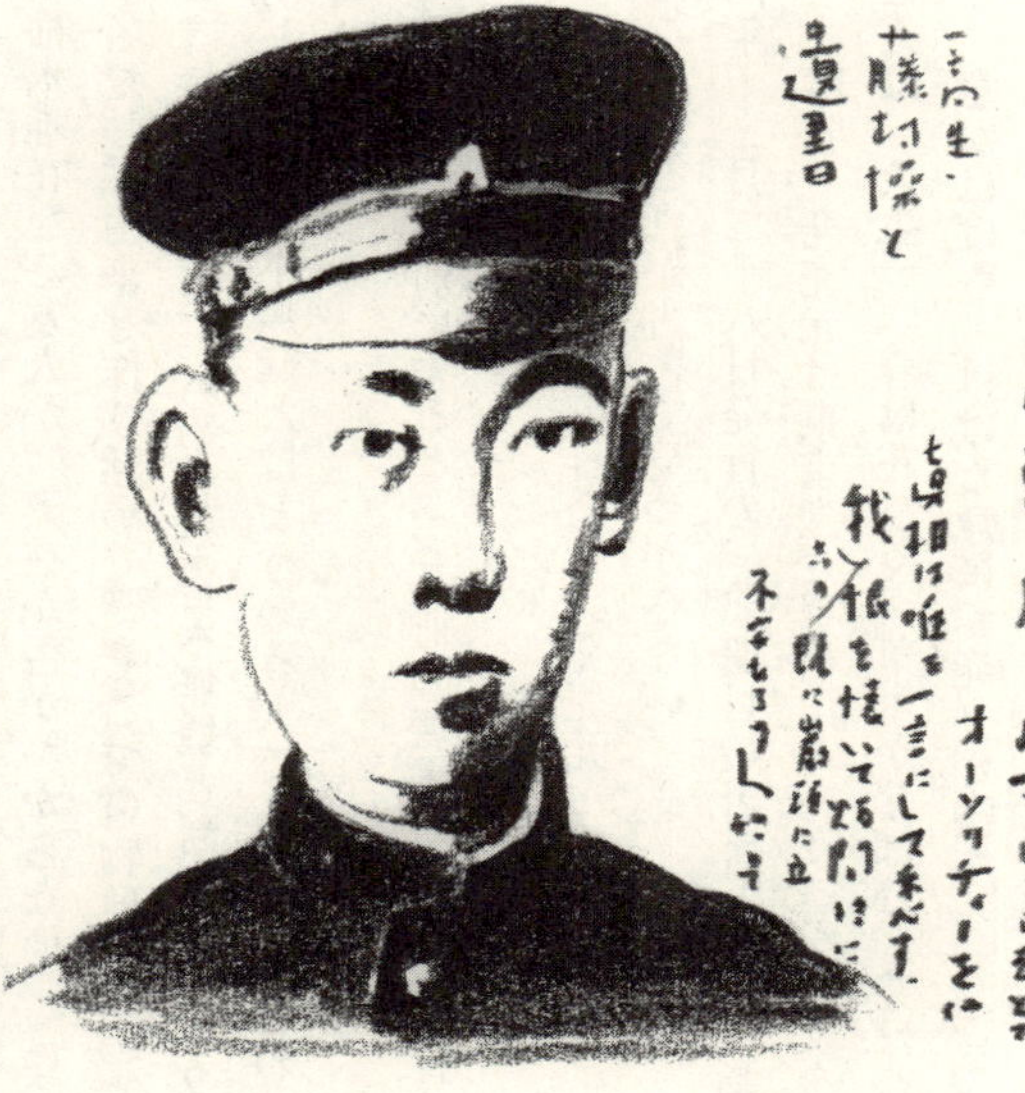
一高生・藤村操と遺書
巌頭之感
悠々たる哉天壌
此大をはからむとす
オーソリチィーを価
真相は唯一言にして悉す
我この恨を懐いて煩悶終に
既に巌頭に立
不安あるなし

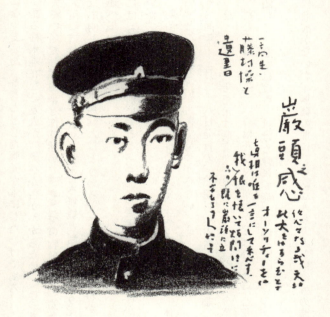

取次元になっていた。きちんとした版元が本にしたわけである。

無縫が語る柚木唯在なる友人が、実在か否かわからない。〈ゆうき・ただあり〉なんて創作くさい名だし、由来も作り話めく。そこで書物研究家の斎藤昌三は、『現代筆禍文献大年表』で、『煩悶記』の著者を岩本無縫と断定し、そう記した。谷沢氏はこの根拠は不明とし、「岩本無縫とはどういう人であるのかもわからない」と『遊星群』で述べている。

無縫には（『煩悶記』を別にすると）、三冊の著書がある。著作から正体を突きとめられないか。読んでみる。

まず、明治三十九年七月二十三日発行、発売元・盛光堂の『俗体詩』が、最初の著書らしい。ところがこれが古書で見つからない。

そのうち同年十一月二十八日発行の、二冊目の著書『詩的俗謡　江戸むらさき』が見つかった。文庫判、発売元は東京堂。堺枯川《こせん》（利彦）が序文を草している。無縫の作品は、たとえば「人生」。「春は花さく　草木が芽ばむ／芽ばむ草木に　霞がかゝる／人は働らく　意《こころ》がはげむ／はげむ意に　光りが満ちる」。この一篇を含め計十五篇ある。

目次に名前がないが、無縫の他に、鉛鉄迂人ら五人と原霞外の詩が七篇収められている。発禁本『社会主義の詩』に収録の霞外の長詩「血祭」もある。「お代官とて容赦があろか／斯《か》うなるからは百年目／百姓じやとて人じやもの／食はずに生きて居《を》られうか／何《ど》うせ死ぬなら此怨《このうら》み／晴らして死なう、喃太郎作《なうたろさく》よ……」

堺枯川の序にある、「霞外、無縫の二子、其才の発する所、或は演劇となり、或は講談となり、殆んど往くとして可ならざるはなきの有様である」の評言に、無縫の素性を解く鍵がありそうだ。

ところで『俗体詩』は、国会図書館蔵書で読んだ。驚いたことに、内容や体裁が『江戸むらさき』と同じなのである。表紙と扉・タイトル・奥付が異なるのみ。『俗体詩』の扉は岩本無縫編著で、目次のあと無縫の名で次の文章が載っている（『江戸むらさき』ではカット）。「俗体詩は薄月夜の読物である。若《も》し誤ってこれを白昼に繙《ひもと》かば、文字は忽《たちま》ち日光の為《た》めに消え失せるであらう。……」

これはどういうことだろう？　四カ月の間に、版元と書名を違え、全く同じ内容の本が出版されている。『俗体詩』が発禁になった事実もない。発禁なら同じ本文で出せるわけがない。『江戸むらさき』は古書で簡単に見つかる。なお、原霞外は『日本近代文学大事典』にあるが、無縫の名は無い。

詐欺的出版の解説書　好奇心釣り出す広告

日光華厳滝に投身した、一高生・藤村操の手記『煩悶記』を偽作したといわれる、岩本無縫には、三冊の著書がある（『煩悶記』を除く）。『俗体詩』『江戸むらさき』、そして『東京不正の内幕』である。

後者は『煩悶記』が出版された明治四十（一九〇七）年六月の、三カ月前に高木書房から出た。『煩悶記』の序文で無縫は、「余は近時一二著作のことに従ふ」と述べている。その「一二著作」の一作が『東京不正の内幕』らしい。

東京の不正とは、地方の人を騙す手口、という意味である。オレオレ詐欺の類《たぐい》を、短く解説した。目次を拾うと、「お天気師」「ぶつたくり宿屋」「ポン引」「のれん師」「停車場稼ぎ（一名ゴキ）」、「高等淫売」他全部で六十一項目ある。詐欺の内容で、時代がわかる。

たとえば「つり銭詐欺」。品のよい奥様風が炭一俵を買いに現われる。十円札しか

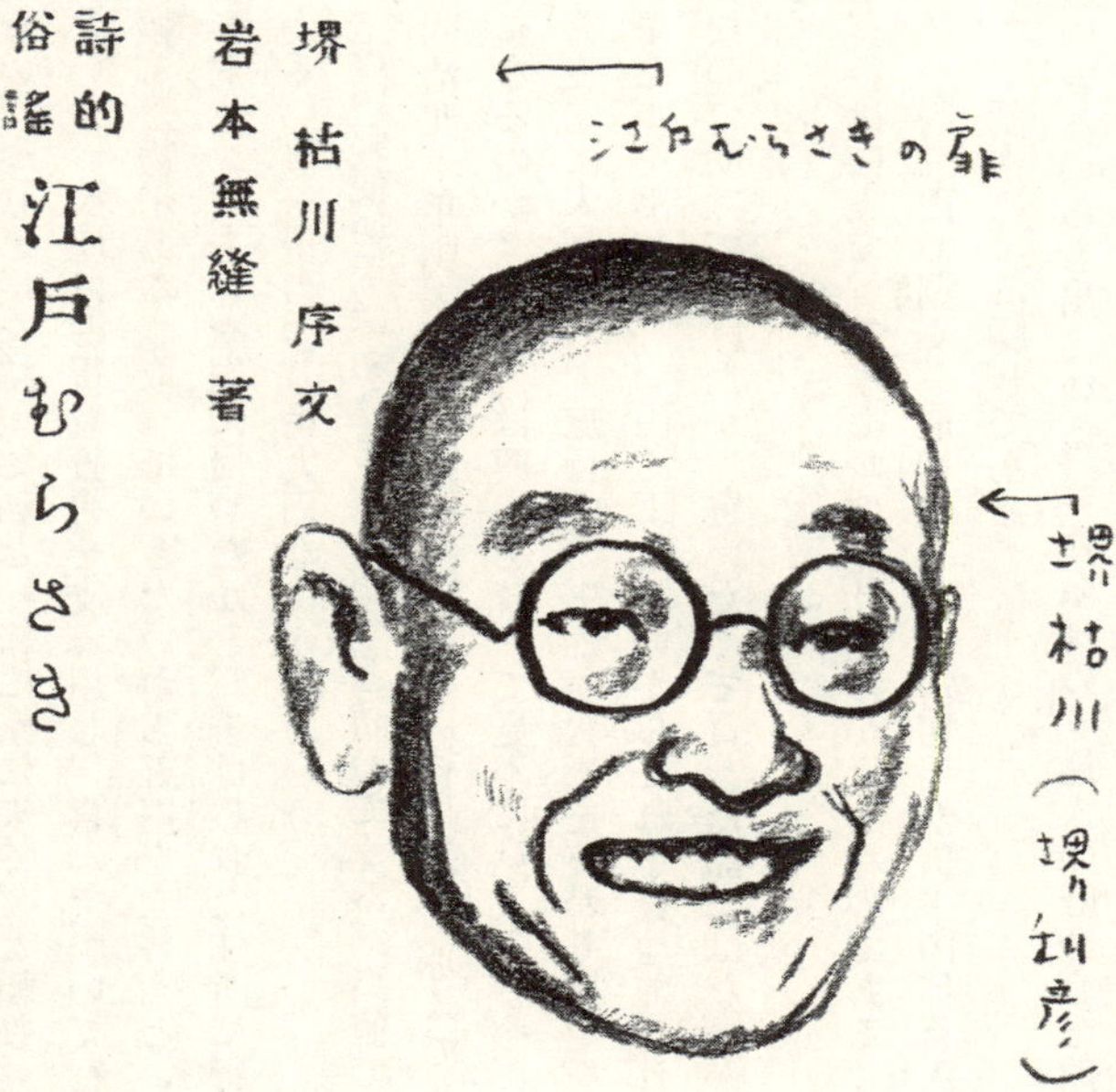
堺枯川序文
岩本無縫著
詩的俗謡
江戸むらさき
江戸むらさきの扉
堺枯川（堺利彦）

持ち合わせがない。つりと炭を持って私と一緒に家に来て、と頼む。昨夜、近所に引っ越してきたという。炭屋はお得意獲得を皮算用し、喜んでついて行く。途中で、そこの呉服屋に頼んだ物がある、取っていきたいから五円を立替えといて、と金を出させる。そのままドロン。もしや先に帰ったかと、告げられた住所に行ってみて、引っかかったとわかる。炭一俵のつりは九円なにがしという。

もう一つ。「古い郵便切手はありませんか」と訪ねてくる。高値で買います、と見本を見せる。明治四十年頃、これは新しい、また珍しいセールスであるまいか。「こんな物がお金になるのか」と家人は興味を持って見本に見入る。そこで世間話のように、今そこの蕎麦屋に入ったら、旅行中の夫婦が食事を終わり勘定を払おうとして財布が無い。銀ギセルを出して、一円でよろしいからこれを買ってくれないか、と泣きつく。気の毒なので助けてあげたが、買いたくて買った品ではないから、ご希望なら原価で売ります、と言う。

実は古切手買いは口実で、銀ギセルの売り込みが目的なのである。原価十銭のまがい物を、巧みに一円二円で捌《さば》く。最初にこんな古切手が何十円何百円と吹いて、煙に巻くのがミソで、話術による騙しである。

詐欺的出版のいろいろも出ている。「百余種の一見《いっけん》人の好奇心を釣り出すような目録を掲げた伝授本」、注文すると薄っぺらな冊子が送られてきて、「盗棒《どろぼう》して罰せられぬ法」を読めば、「無人島へ行き島王となるべし」と。

美人写真、絵葉書の広告。「其《その》文句を見る正《まさ》しく春画裸体画と想像の出来る様な事を書き、世人の色慾《しきよく》の弱点に付け込む故《ゆゑ》、地方人なぞは好奇心を起して、ドンナ物か散財してみようと金を送れば、至ってツマラぬ写真や絵葉書が……」

本も、そうである。

ここに、『男女春草紙』なる新書判の一冊がある。通販の本である。

大正五（一九一六）年、春秋庵発行。著者は塚田霊翠。表紙をめくると、朱字で大きく「本書著作時間三年ニ亘《わた》リ　本書ノ紙数表紙ヲ除キ三百十余頁　内日本紙彩色絵十二枚」とある。

ページも彩色絵も記述通りなのだが、恐ろしく稚拙な、変哲もない読書の図や花見の図。目次には、「芸者と酔客」「女学生と角帽」「女将と番頭」「文士と女優」「奥様と車夫」「大臣と小間使」……。

タイトルと以上の内容広告に、読者は眩惑《げんわく》され、版元に定価金九十銭なりを送金する。

大正五年当時の書籍代としては、かなり高い。同年に若松賤子《しずこ》の『小公子』二十七版が出ているが、菊判三百五十六ページ、口絵入りが金五十銭である。封書の郵便料金が三銭、葉書が一銭五厘の時代であった。

大枚をはたいて求めた読者は、まず予想と異なる彩色絵にとまどったことだろう。「序」にいわく、「深く慮《かんが》ふる所あり、現代の風潮を慨して、男女の心の最も揺るぎ易《やす》き春季の心得にもと、独り春夜草せるものあり。題して春草紙と名づく」。えっ？　「凡例」に急いで目を通す。「本書ハ春夜筆草セシモノニシテ、夏秋冬ノ三季節ニハ余リ縁故ナク、材料ノ多クヲ春季ニ因ミテ著述セルモノナレバ当然春草紙ト名ヅケタリ」

こんな文章もある。「我法治国には以前より淫猥画の販売を禁ずる法律あるの、、、今日、此法律無きが如くに無視して、『現代に淫猥なる図書を公然広告して販売するならん』と思へる醜猥《しゅうわい》思想者あらば……」うんぬん。『東京不正の内幕』には、怪しい運命鑑定講義録や通信教授の警告も出ている。なのに本書の巻末に、虚空庵立命先生著『二十八宿秘密奥伝』の広告が、「古今無比の神秘珍書」と謳《うた》われてある。

藤村操になりすまし、その名を騙《かた》って『煩悶記』を出版したと見なされる岩本無縫は、そもそも何者なのか。

哲学者と糟糠の妻

勉強支えた内助の功

野村隈畔《わいはん》。哲学者の雅号としては異色だろう。本名・善兵衛。号の由来は何か。隈は、山や川の入り組んだ所である。界隈《かいわい》の隈。畔は田畑のあぜをいう。隈畔は福島県の農家に生まれ、小学校を終えると田畑仕事に駆り出された。そのような境遇から号を名づけたのは間違いない。もう一つ、彼は独学で英語とドイツ語を学んだ。そして哲学を独修した。著書は、『自我の研究』『自我を超えて』『自我批判の哲学』など自我論が主である。雅号の隈には、わい、一人称の私の意も込められているのではないか。

大正三（一九一四）年、『ベルグソンと現代思潮』でデビューし、『春秋の哲人』『新文化への道』『現代の哲学及哲学者』『文化主義の研究』などを著したのち、大正十年、隈畔の思想に共鳴する二十四歳の女性と心中自殺した。三十八歳だった。

隈畔には糟糠《そうこう》の妻と、十歳の娘がいた。夫人は裁縫の賃仕事をしたり、女中奉公をしたり、工場で働いたりして、夫の勉強を助けた。朝は六時に家を出て、遠い工場に通い、夕刻六時頃帰ってきた。夜業のある時は九時を過ぎる。帰宅後、翌日の飯の仕度をする。日給制で、がむしゃらに働いても月に七、八円にしかならぬ。しかし夫人は愚痴ひとつこぼさず、夫にいやな顔をすることはなかった。

「勿論《もちろん》妻は私の未来に希望をかけて働いてゐたに違ひない。夢のやうな将来の楽しい生活を空想して、凡《あ》らゆる苦痛を忘れてゐたのである。そして却《かへ》つて私を励まし、私の勉強を助けてくれたのであつた」(「自由人の生活」)

隈畔も働き口を探して走り回っていたのである。しかし無学歴のため、思うような職が見つからなかった。体が弱いので力仕事は向かない。二十四歳で結婚したが、農作業はもっぱら夫人が担い、彼は野良で本を読んでいた。結婚翌年、勉学の念やみがたく、夫人を置いて単身上京した。一年後、夫人が追ってきたが、がむしゃらな労働の末、体をこわした。

いったん帰郷し療養ののち、再び東京で所帯を張った。夫人の発案で、煎餅アラレの店を開いた。屋号を「萩《はぎ》の家《や》」とした。これは隈畔が名づけた。食いぶちぐらいは稼げた。

子どもが生まれた。その頃から隈畔の原稿が売れだした。「お煎餅屋の旦那」で通

若き哲學者が情死する迄

野村隈畔氏の手記

朝日新聞の見えだし

っていた隈畔は、「哲学屋」と言われた。

デビューして死去までの七年間に、九冊もの著書を出版した彼は、当時は売れっ子の哲学者であろう。隈畔の哲学とはどのようなものか。代表的な『自我の研究』を読んでみる。

自我とは何ぞや。ショオペンハウエルが世界の本体を「意志」と言った、ベルグソンが「生命」と言った、ニーチェが「権力意志」と言った、これらは皆我々の内面要求を移した解釈で、自己を意識するというのは要求を意識するのである。自我とはこの要求をいう。要求とは何か。「純粋自己意慾」である。芸術はこれの表現であるから、真理と価値が包含されている。ゆえに自我表現の生活においては、自我の自由が最も大切で、犠牲、没我、模倣、妥協などは罪悪とみなすべき。とこのような論法で、「独立主観」「直立変化」「意的直感」そして「純粋自己意慾」など、新術語を造っている。

生活にやや余裕ができたのだろう、妻子を連れて、鎌倉江の島一泊の旅行をしている。横浜では大きな船を見た。興奮した夫人がどうしても船内が見たいと言い、「妻が夢中になつて奔走した結果、何の縁故も知り合ひもなかつたのに、間《ま》がよく案内して貰《もら》へたので大へん好都合に行きました。併《しか》しこの時私は妻の執拗さに驚きました」

（「萩の家の店頭から」）。

夫人はどういうかただったのだろう？

筆者は隈畔の遺稿集『自由を求めて』を所持している。本書は大正十一年二月二十八日に京文社から出版された。本稿に紹介した「自由人の生活」と「萩の家の店頭から」は遺稿である。この本を隈畔夫人は法事の引出物に用いたらしい。筆者の本に夫人の手紙と、「御礼　亡夫百日　野村次子」と筆で記された紙片が挟まれているからだ。住所は萩の家の所在地である。草書体の、書き慣れた達筆である。筆跡から判断すると、夫人は只者《ただもの》ではない。

東京朝日新聞は、「若き哲学者が情死する迄《まで》」の見出しで、隈畔の友人ら（作家・小川未明もいる）が「匹夫匹婦の情死と同一視されたくない」と、死の寸前の日記を公表する計画と報じ、日記の一部を掲載している。友人だけで決めたとは考えられない。夫人の内諾を得た上でのことだろう。

遺稿集の発行元は、『自我の研究』を再版している。これの発行者が野村次。夫人である。京文社の発行人は、本来、鈴木芃《ほう》なのだ。夫人がお金を出して製作したものだろうか？　夫の本を広く読んでもらいたいために。

夢野久作との合作？　父が「翻訳」した英国小説

夢野久作《ゆめのきゅうさく》、という作家がいる（一八八九～一九三六年）。「……ブウウ——ンンン——ンンン」という「蜜蜂の唸《うな》るような音」で（実際は大きな柱時計の音だった）目をさました「私」が、気を失っていたことに気がつく。そこは精神科病院だった。と始まる一千二百枚余の長篇『ドグラ・マグラ』が代表作である。

大学教授を名のる男が現れ、私は精神医学の実験対象になっていると知らされる。実験により過去の記憶が甦《よみがえ》ると。そしてこの法を発明し自殺した某博士の文書を見せられる。小説はこの辺りから複雑怪奇な様相を呈する。話がめまぐるしく、あっちこっちに飛び、殺人ありアホダラ経あり、夢なのか妄想なのか、わけがわからぬまま振り回された挙句《あげく》、元の「ブウウ——ンンン」に行き着くのである。ユニークきわまる異色の探偵小説といってよい。

夢野久作の父が、杉山茂丸《しげまる》である。杉山は玄洋社を創設した頭山満《とうやまみつる》の盟友で、伊藤

←夢野久作

博文や山県有朋らと交わり、政界の黒幕的存在であった。其日《そのひ》庵《あん》と号し、『百魔』正続、『俗戦国策』『義太夫論』『浄瑠璃素人講釈』などの本を書いた。

その一冊に、『英国小説　盲目の翻訳』がある。明治四十四（一九一一）年九月二十三日発行、版元は国光印刷株式会社出版部。菊判、五三六ページ。山中古洞《やまなかこどう》挿画三十五葉入り。定価一円五十銭。

原作の英国小説が何なのか、記載がない。表紙には、「杉山其日庵主人訳述」とある。序文を逓信《ていしん》大臣・後藤新平と、子爵の金子堅太郎が記している。両氏共タイトルの奇抜を挙げている。そのわけは杉山の緒言で判明した。本人の弁明を聞こう。

明治四十年の夏、福岡から上京すべく汽車に乗ると、英国帰りの旧友と出会った。車中つれづれに友が語ったのは、「最近に到着した英国の政治小説」である。それがべらぼうに面白い。話す方も聞く方も夢中になり、時を忘れた。物語は終わらず、双方仮眠を取り、翌朝早く起きると続きをせがんだ。結末に至った時、大阪駅に到着、友と別れた。

鎌倉の自宅に帰り、老母に小説のあらすじを語ると、斜めならず喜んだ。翌日、続きを乞う。「其《そ》の傍《かたは》らに団欒《だんらん》する家族の喜びは申すに及ばず」、本人も得意になって友の受売りをする。これが三日に及んだ。

こんなにも家族が楽しめる小説は、翻訳して出版したら世に歓迎されるだろう。そう思ったが、残念ながら「二つの光る眼《まなこ》を持ちながら。皆目横文字が読めぬ」。そこで、「此《この》小説は何と云ふ表題か。又《ま》た何と云ふ人が書いたかも分らぬが」、友が話してくれた物語を、杉山家の事務員に口述し速記させた。速記術に長《た》けたこの事務員は英語にも堪能なので、傍ら原書を読ませた。そして物語の順序や事柄の抜き差しを行ったあと、杉山が随意に文章化した。「始めより終りまで。何処《どこ》までも眼が抜きで。耳と口と手との三つで出来上つたもの故《ゆゑ》。題して之《こ》れを『盲目の翻訳』と云ふのである。」

書名は原作名と全く無関係なのだ。

この本は杉山の著書の中で、どういうわけか最も見つからない。世評高い『百魔』と異なり、さほど売れなかったのではないか。

こんな小説である。まず、書き出し。

「米国通ひの汽船『ルシタニヤ』丸はリヴァプールへ入港したるが。汐《しほ》の加減にて今夜は船客を上陸させること出来ぬ由掲示の出《い》でたれば。此の汽船に乗組める五百八十七人の船客は皆な口々に残念なり迷惑なりと言はぬ者なかりき。」

ただ一人、ファインなる米国人が船長に手紙を見せ、秘密に下船し、ロンドン行きの列車に乗車する。列車は彼が駅長に手紙を示し、特別に仕立てたものである。乗客はファインのみ、他は運転士、機関士、給仕の五人。ラグビー駅に着いた時、ファインはこの世の人でなかった。何者かに胸を刺されたのである。

このように物語が進む。ファインはどうやら米国政府の密使らしく、誰が何のために彼をあやめたのか、の謎ときとなる。ファインと親しい米国女性や、各国の外交官、英国の総理、公爵や男爵、更に日本のメイヨ親王が登場し、日露戦争後のロンドンを舞台に、ドラマが繰り広げられる。アメリカと日本は戦争をするか否か、の探りあいが、どうやらメイン・テーマと明らかになってくる。政治小説であるが、趣向は探偵小説である。

そこで夢野久作だが、当時彼は鎌倉の自宅で祖母らと父の語る小説を聞いていた。十代から熱烈な探偵小説ファンだったので、『盲目の翻訳』成立に当たって適切な助言をしたのではないか。あるいは翻訳を手伝ったのではないか。父の死の年に『ドグラ・マグラ』を刊行し、翌年、父を追った。

ニコニコ主義の唱道者

銀行家が説く笑顔の効用

笑顔を売りにした、型破りの雑誌である。誌名を『ニコニコ』という（表紙の題号は縦書きでは、『ニコ〳〵』とくの字点を用いている）。明治四十四（一九一一）年二月創刊。巻頭グラビアは、軍人や政治家、皇族、財界人、学者、芸能人、文化人など、あらゆる分野のかたがたのニコニコ顔の写真である。

大隈重信の笑っている写真は貴重ではなかろうか。渋沢栄一も笑っている。福々しい顔が、いっそう福徳円満に見える。

文豪・夏目漱石先生も、経机に手を置き、こちらを見てニヤリと唇の端を歪《ゆが》ませている。先生、唯一の笑顔の写真である。笑わないといけないのか、とニコニコの記者に聞いたら、当たり前の表情で構わないと答えた。それなのに、約束ではありますが、どうか少し笑って下さい、と頼む。漱石は取りあわなかったが、後日送られた写真を見ると、皮肉っぽい笑顔を浮かべている、と「硝子戸《ガラスど》の中《うち》」で記している。

『ニコニコ』の笑顔写真は、男ばかりではない。西郷隆盛の妹や弟従道《つぐみち》の夫人など著名人の母堂や妻、令嬢がふんだんに写っている。家庭婦人の笑い顔は、珍しいだろう。緊張した面持ちで（特に女性は）写真を撮った時代である。男爵夫人九條武子（美人の歌人で高名）他、白い歯を見せて明朗に笑っている。

『ニコニコ』は写真ばかりではない、読み物も満載である。大正六（一九一七）年新年号を見てみる。「新年の追憶」が特集で、大隈や渋沢、シベリア単騎横断の福島安《やす》正《まさ》、救世軍の山室軍平、弁護士の花井卓蔵、教育家の棚橋絢《あや》子《こ》、俳人の高浜虚子、歌人の与謝野晶子他が、正月の思い出を語っている。

渋沢が語る十二歳の元日が面白い。母に命じられて年始の回礼に出た。読書欲旺盛の年頃だった。渋沢の師の尾高惇忠《おだかあつただ》は、本は乱読すべし、小説でも何でも手当たり次第読め、と勧めた。それで暇さえあると読む癖がついた。回礼の途中でも、二宮尊徳よろしく歩きながら読んだ。夢中になりすぎ道ばたのドブに転がり落ちた。折角《せっかく》の晴れ着は泥だらけ、年始どころではない。正月早々、母にお年玉ならぬお目玉を食ってしまった。

歴史小説あり、柳家小さんの落語あり、巌谷《いわや》小波《さざなみ》のお伽話《とぎばなし》あり、エッセイあり、正月号らしく「年賀状のいろいろ」のページもある。

牧野元次郎
ニコ〱
七月號

編集部に届いた名士の賀状百枚を紹介している。社会主義者・堺枯川（利彦）の文言はこう。「新年も平日の通り労働と怠惰と不平と満足との生活を送り居候間《をりさうらふあいだ》別段御祝詞申上げず候」。作家・正宗白鳥は、「謹賀新年、ニコ〳〵毎号有がたく候田舎の家族は皆々愛読いたし居り候」。

巻末は読書文通希望欄の「ニコ〳〵ポスト」で、切手や絵葉書の交換、お便り下さいの投書でひしめいている。現代のSNSである。

この月刊誌の発行人は、牧野《まきの》元次《もとじ》郎《ろう》。毎号、巻頭言を掲げている。それを一冊にまとめたのが、昭和二（一九二七）年に弘学館書店から発行された『ニコ〳〵全集』である。

牧野は「ニコニコ主義」を唱えた。どんな主義か、というと、まず「今日一日の記」を朝夕三唱する。「今日一日三つの恩を忘れず、不足の思ひをなさぬ事」。三つの恩とは師の恩、君の恩、父母の恩である。「今日一日腹を立てぬ事」「今日一日嘘を云はず無理を為《な》さぬこと」「今日一日人の悪を云はず己れの善を云はざる事」「今日一日の存命を喜び稼業を大切に勤《いそし》むべき事」。最後に「右は今日一日の慎《つつしみ》にて候」と言う。

この五カ条を毎日実行していけば、「ニコニコの人は体もすこやかで家庭円満商売繁盛」となる。そして、「あら不思議笑ふ門にはよけてゆく貧乏神の後ろ姿よ」。

ニコニコ主義で暮らせば、労働意欲がわき、おのずと金がたまる。それは「ニコニコ貯金」に回せ。

牧野は明治三十四年二十七歳の時に、「石の上にも三年貯金」を案出した。余ったら貯金するという心がけでは、金はまずたまらない。牧野は毎日強制的に集金し、三年間は払い戻さぬ貯金を広めた。三年積立で一万円コースは毎月いくら積む。一日にするといくら、と計算し一覧表にして各戸に配った。月末には集金人が訪れた。貯金の名称は、やがて「ニコニコ貯金」に変わった。この定期積金は大ヒットした。

牧野が創業した銀行を、「不動貯金銀行」という。牧野は頭取になり、かたわら「ニコニコ倶楽部《くらぶ》」を設立。『ニコ〳〵日記』を出版し、月刊誌『ニコニコ』を主宰した。

牧野は一八七四年、千葉県に生まれた。警察官の長男である。成田山新勝寺住職に才気を認められ遊学、東京高等商業学校（一橋大学の前身）に学ぶも、猛勉強のため病気になり中退した。一九四三年死去。

作家・武者小路実篤がニコニコ主義に共鳴し、伝記を刊行している。

世にも珍奇な贋物目録

批評家が激賞した肉筆画

書画骨董品の売立て目録、というものがある。上質アート紙に写真版で入札品が掲載されている。戦前の目録は、古書店で結構人気がある。焼失した美術品が見られるからである。それでも特殊な目録を除けば、せいぜい二千円前後で買える。

これは特殊な例外に入るだろう。『春峯庵《しゅんぽうあん》華宝集』である。新聞紙半分大(普通の目録の倍)。和綴《と》じ、全六十八丁(百三十六頁)、原色版(金銀のインク使用)十一図、それの部分拡大と落款写真はモノクロ、各図の扉に赤茶インク印刷の解説文が付いている。表紙は絹地に、本文の懐月堂安度筆『婦女遊楽図』中の、絵草紙を眺めている娘。着物の柄に金泥を用いている。

内容が、凄い。「岩佐又兵衛筆　源氏物語図」「同　浮舟図」「喜多川歌麿筆　扇屋見世先図」「東洲斎写楽筆　市川団十郎・瀬川菊之丞図」「同　鏡中男女図」「葛飾北斎筆　浅水鵜鷺《うる》図」「歌川豊国筆　深川妓女図」「鳥居清長筆　美人挿花図」等々。

笹川臨風
春峯庵華寳集ヨリ

全部で十七図。すべて肉筆画である。

入札目録は美術骨董商や、特別な顧客のみに配る。従って製作部数は限られる。しかしこの『春峯庵華宝集』が珍重されるのは、目録の意外な「身の上」に理由がある。本書は現在、古書店で六、七万円する。高額なわけも、「身の上」に関係する。

発行されたのは一九三四(昭和九)年で、入札は五月十二、十三日の両日、東京美術倶楽部で行われた。大変な人気であった。

当然である。たとえば写楽の肉筆は、日本国内に一枚もないと言われていた。それが二点も突然出現したのである。これを所蔵していた春峯庵とは、そも何者か。

目録の解説を執筆した東洋大学教授・史家・作家・評論家の笹川臨風《りんぷう》によると、「春峯庵は華冑《くわちう》の名門にして、家に浮世絵画家の肉筆画を蔵すること多く、然《し》かも絶えて他の窺知《きち》することを許さなかった」とある。由緒ある貴族の某家、と名を明らかにしない。大体、書画の売立ては、旧蔵者の体面を慮《おもんぱか》って名を伏せる。某大名家蔵品目録などと銘打って発行する。春峯庵の雅号は聞き慣れないが、越前福井藩主・松平春嶽ではないか、とうわさされた。

臨風は言う。「斯《か》う云ふものがあらうとは誰しも思ひがけないことで、全く驚異のこと、云はねばならない。しかも一点の疑を挟む余地のないものばかりなのは、更に感嘆に価《あたひ》する」

臨風は美術研究・批評家としても知られていた。東洲斎写楽の「市川団十郎・瀬川菊之丞図」の解説を読んでみる。「金砂子《すなご》を撒《ま》いた上に堅実なる描線を以《もつ》て表情味たつぷりの姿を写し出してゐる、其《そ》の特色なる金壺眼《かなつぼまなこ》と一文字に結んだ口とは肉筆に於《おい》ても現れてゐるが、如何《いか》にも活々《いきいき》として気魄《きはく》人に逼《せま》る概《おもむき》がある……浮世絵の異彩と云はなければならない（略）写楽を礼讃するものは、肉筆に於て此《この》逸品あるを見て更に感嘆の声を大にしなければなるまい」

鳥居清長の「美人挿花図」。「描線は清長一流の強いしつかりしたもので、絶えて繊細の風がない。清長の肉筆画は少いながらも其の名あるものが往々之《こ》れあるとは云へ、これほど大きな人像を描いたものは殆《ほと》んど他に比類があるまい。しかも品位があつて、卑近なところは毛頭もない」

図録に掲載された十七点全部を、この調子で激賞している。いわく、「何たる妙品」「非凡の名作」「真筆として疑ない」「実に珍品として推賞措《お》く能《あた》はざるものがある」「歌麿の肉筆画として、これほどの大作力作は他に少く、めでたき限りの逸品である」「此四幅の如きは彼（鳥文斎栄之）の肉筆画の代表作と云つて善い」「構図と云ひ、筆致と云ひ、一点の難の打ちどころがない。何等の佳作何等の逸品」……。

臨風は明治三（一八七〇）年、東京神田の生まれ、帝国大学国史科を卒業、『支那文学史』『南朝正統論』『画趣と詩味』他多くの著書がある。

明治三十四年刊の『奈良朝』では、「孝謙《こうけん》の眼には朝廷なく人民なく国家なく独り道鏡のみありしなり」など、当時としては大胆きわまる史論を展開している。『邦楽』の解説書もある。『伊達模様』という歴史小説も書いている。『防長回天史』の編集委員でもある。才人であった。それが春峯庵で、つまずいた。

春峯庵なんて「華冑の名門」は無かったのである。「春峯庵華宝」はすべて贋物《にせもの》であった。驚くなかれ、写楽や清長などの「真筆」を描いていたのは、十六歳の少年だった。小学生が図画で使う拡大器を駆使して、せっせと模写していた。家族がこれを画商に売り込んだ。皆「世紀の大発見」に興奮、鑑定のまなこが曇ってしまった。いきさつは白崎秀雄著『真贋《しんがん》』に詳しい。『春峯庵華宝集』は贋物の目録として珍重された。笹川臨風博士は斯界《しかい》から退場を余儀なくされた。

古稀の俳句談議

新劇人が編んだ父の句集

一九三三（昭和八）年正月二日、札幌の久保邸は大にぎわいだった。当主兵太郎《ひょうたろう》の古稀祝いで、五男二女が全員顔を揃えたのである。

ご機嫌の当主が一句詠んだ。七日にも詠じて披露した。「七草や七味全き粥《かゆ》の出来」たぶんこの時、七人の子らと俳句談議に及んだのではないか。口を切ったのは、次男の栄《さかえ》かも知れない。栄は父の感化で小学三年の時から句を作っている。「雫《しづく》するまでの若さや竹の春」。九歳の発句と思われぬ。

兵太郎は二瓢《にひょう》と号し、年少の頃から句作に励んだ。会心の作のみ選び、一冊にまとめるのが念願だった。それなら古稀記念にどうかと長男が提案した。編集は栄が買って出た。装幀《そうてい》は洋画家の四男が申し出た。子らが費用を出しあい、古稀の贈り物とする。兵太郎はどんなに嬉《うれ》しかったろう。その夜、「古稀」と題してこんな句を書きとめた。「眺め入る我手の老《おい》やきそ始《はじめ》」

きそ始、とは、正月にまっさらな衣を着始めることである。図らずも、これが絶筆となった。翌月、急逝。

子どもたちは生前の約束を実行した。栄は残された三千近い句稿を読み、五百句を選び、季語を分類して一冊に編んだ。『二瓢句集』と題し、表紙は紺の布地に四男が銀で一対の瓢簞《ひょうたん》を型染めした。本文は、よもぎ色の枠内に、五句ずつ組んである。七七忌の配り物にした。

どれくらいの部数だったのか？　野幌煉瓦《のっぽろれんが》工場主から久保組を組織し、陶器製造の北海道窯業株式会社に発展させた兵太郎は、晩年は札幌商工会議所会頭を務めていた。交際範囲の広さから、かなりの部数を配った、と見る。しかし、現在、探すと容易に見つからない。編集した栄は、この年、戯曲『五稜郭血書』を上演し、新劇運動の旗手と目されていた。以後、『火山灰地』『日本の気象』などを発表、全集十二巻がある。全集の最終巻には、『二瓢句集』の跋文《ばつぶん》が収められているが、二瓢の作品は読むことができない。

いくつか紹介しよう。

「春の夜や炭が刎《は》ねてもおもしろき」「米粒に文字など書いて日永人」「陽炎《かげろふ》や砂金掘り居る手元より」「生きてゐてこそ丑《うし》の日の鰻《うなぎ》かな」「帰省子の背の高さや停車場」

久保栄

「打てよ水月の雫《しづく》の垂るるまで」「地湿りに筵《むしろ》の冷や虫を聞く」

父の影響を受けた栄は、俳誌「ホトトギス」に投句し、選ばれている。「褒めやれば手《て》鞠《まり》つきもてそむきけり」

棣棠《ていとう》、と号した。むずかしい語だが、山吹の漢名である。劇作家の岸田《きしだ》国士《くにお》に、好きな花を聞かれた。その際、愛着のあまり俳号にしました。テイトウのテイは、と漢字の説明をしかけたら、いや、わかっていますと遮られた。あとで岸田の年譜を見たら、氏は名古屋の棣棠《やまぶき》小学校を出ていた。

東京帝大在学中に、のちに作家となる堀辰雄らと連句をした。栄が「すずしさや異人に借りる莨《たばこ》の火」と詠むと、堀がすかさず「白き燕《つばめ》の舟を掠《かす》める」と付けた。堀が「橋の上に鉄道馬車のかかる頃」と示したので、栄が「片手なくして探す手袋」と付けた。四〇年、栄は治安維持法違反容疑で逮捕された。いわゆる新劇人一斉検挙事件である。拘置所で詠んだ句。「笠越しの眼《め》を笠越しに見て涼し」「ゆく年の壁をたたいて叫びたし」

文学志望の二十歳の栄は、医学を学ばせようとする父に反発し、深刻な不和状態になった。一時、養子に出されたというわだかまりもあった。

所用で上京した父と、初めて腹を割って話し合った。栄は戯曲の仕事をしたい、と率直に述べ、それも単なる芝居ではなく芸術的なものを作るのだ、と力説した。

「俳句だと、どんなものだ？」

父が反問した。

「芭蕉が、ちょうど近松門左衛門に当たります」

「お前がやりたいというのは、つまり、高浜虚子だな？」

俳句に例を取ったら、兵太郎はとたんに理解した。話は続いた。兵太郎が「私にはお前が冷淡に思えて仕方がない」とこぼしたのをきっかけに、栄は従来のうっくつを吐きだした。養子にやられ離れて生活していたために、肉親の情愛を感じないのだ、と。『僕は、お父さんにたいして、冷たいかもしれません。しかし、誠意はもっているつもりです。だからこそ、うそをついてまで、お父さんの御機嫌をとることはできないのです』

兵太郎は言った。『ほんとうの親らしくなる日が望めないかしら』私『それは望めると思います。そうして、こう申し上げられたのが、すでに、それに近づく第一歩だと思います』『父は、やがて、懐ろ紙を取出して鼻をかんだ。私もそれを一枚貰《もら》って一緒にそうした』

久保栄の日記から。この部分は栄の文章の白眉かもしれない。

九條武子の写真　読者ひきつけた麗人の孤独

明治時代、「絶世の美人」といえば、洗い髪のお妻や、赤坂万龍など皆、花柳界の女性だった。彼女らは絵葉書によって全国に知られた。大正時代は柳原白蓮《びゃくれん》や九條武子、長谷川時雨《しぐれ》らが代表である。彼女らは文筆による社会活動をした人妻だった。昭和の美女は誰か？

一九七五（昭和五十）年一月発行の「毎日グラフ別冊　1億人の昭和50年史」が、著名人に、昭和を代表する美女を戦前戦後、それぞれ一人ずつ挙げさせている。戦前は圧倒的に女優の原節子だが、二人だけ九條武子と答えた。京大教授の会田雄次と、医事評論家の石垣純二である。

会田はこの年五十九歳。石垣は六十三歳、武子が四十歳で逝去したのは二八年だから、十代の二人は会っていないだろう。

何で美貌を知ったか。新聞記事と、著書の口絵写真だろう。なかんずく大ベストセ

九條武子

ラーとなった、『無憂華《むゆうげ》』の写真に胸をときめかせたであろうことは間違いない。それも「普及版」の『無憂華』にである。普及版には、キャビネ判の生写真が一枚付いている。普及版以外は付いていない。

生写真（版元は、九條武子夫人プロマイド写真入、と函《はこ》にスタンプを押している）の威力は凄《すご》いもので、半カ月で実に四十版も重版した。

古書で本書を探す時、気をつけねばならないのは、生写真を外された『無憂華』が多い事実だ。読者の目当てが読むことでなかった証左である。

また普及版は三百版を機に刊行されているから、三百一版以降の版を探すとよい。

普及版とそうでない版は、他にも異なる点がある。内容は変わらないが、ページ数が違う。普及版は活字が小さく、行間が詰まっている。戦後版もあるが、こちらは口絵写真が一切無い。著者の美貌は、もはや通じなくなっていたのだろうか。

九條武子とは、いかなる女人なるか。

一八八七（明治二十）年、京都西本願寺の次女に生まれた。長兄はシルクロード探険で有名な二十二世法主・大谷光瑞《こうずい》である。長い長い廊下の奥の棟《むね》の「北の方《かた》」で、お姫様のように大切に育てられた。「古い習慣と一種妙な空気に包まれた家庭では、庭へ出るさへ一人ではゆるされなかつた」（『無憂華』）

一九〇九年、男爵・九條良致《よしむね》と結婚、武子は二十二歳である。この年の暮れ、二人はハネムーンを兼ねて外遊するのだが、すでに二人の心は離れていたらしい。原因はわからない。性格の不一致による不和と言われている。武子のみ帰国し、夫は大学で研究したいとロンドンに残った。武子は仏教女子大学の設立を願い、布教活動に没頭した。一方、佐佐木信綱に師事し、歌を学ぶ。

二〇年、歌集『金鈴』を出版した。初めての本だが、口絵におのが幼時と少女時代、外国での義姉とのツーショット、現在の姿の合計四葉の写真を収めた。歌は夫と別れてのちの一人寝の寂しさや、不安な思いを詠んだ。三年限定の留学と言っていた夫は、もう十年も帰らなかった。「かりそめの別とききておとなしうなづきし子は若かりしかな」「いくとせをわれにはうとき人ながら秋風ふけば恋しかりける」「掟《おきて》ゆゑならはしゆゑといくたびかあきらめ難きあきらめもする」

謎めいた歌が多い。「書く人もいふ人もはた咎《とが》はあらずものがたりめくわが宿世ゆゑ」「みづからがそむきし故にむくいありつ天にはとがも偽りもなし」「をのこそいとはしきものそれよりもいとはしきものは女なりけれ」

読者は作品から不和の原因を探ろうとした。口絵写真から麗人の孤独に思いを致した。『金鈴』は驚くばかり売れた。夫が帰国したのは、この年の師走である。夫人は神戸で出迎えた。夫が記者会見した。留守の十一年間、「忌はしき風説を立てられたるが何《いつ》れも誤解にて全く事実無根なりと弁明せり」(十二月七日・国民新聞)。愛人と同棲し、子を生《な》したとの噂があった。夫婦は築地本願寺に住んだ。

そこへ関東大震災である。「くづれおつるもの、おと人の叫ぶ声かなし大地はゆれ〳〵てやまず」。武子は猛火に追われ浜離宮に避難した。助かるとただちに築地別院の焼け跡に救済所を設け、兄と共に救援物資の配布や、児童愛護の活動に日夜奮闘した。以降、過労により急死するまで、診療所を開設したり、貧しい人たちに施しを続けた。死去の当日は新聞号外が出た。築地本願寺の葬儀には、弔問者で境内が埋め尽された。五百本のピンが刺された花輪が、人々の目を引いた。貧しい者たちが、なけなしの銭を持ち寄り、集まった金でピンを買い、それで造った花輪である。

『無憂華』の版元は実業之日本社だが、その『百年史』にこうある。「著者は本書刊行の翌年二月に急逝したが、本書はその後も版を重ね、ほぼ十年間で四百版に達した」

女子教育の先駆者　「鷗村訳」冒険譚、歯切れよく

名訳で知られる若松賤子《わかまつしずこ》の『小公子』は、明治二十四（一八九一）年に前篇が発行された。「セドリックには、誰も云ふて聞かせる人が有ませんかツたから、何も知らないでゐたのでした」という独特の文章である。後篇に手を入れている最中に、三十一歳で病死した。

賤子に世話になった桜井彦一郎が、遺稿を校訂し、前後篇を一冊にし、明治三十年一月改めて発刊した。編纂《へんさん》時、桜井は賤子の遺族宅に寄宿していた。遺児三人の声を聞きつつ、感慨に堪えなかった。桜井は巻頭に記す。

「明治二十九年十二月十一日此夜寒雨蕭々《せうせう》として、檐端《えんたん》（庇《ひさし》）を敲《たた》き、兀座《こつざ》炉を擁して灯影寂し。指を屈すれば故巌本夫人（賤子）の辞世を去ること、今日正に十箇月を算するの時」

桜井は鷗村《おうそん》と号した。愛媛県松山市の生まれ、明治学院を卒業、女子教育を志望し

て松山女学校の英語教師になった。「女学雑誌」主幹の巌本善治《いわもとぜんじ》・賤子夫妻と知りあう。賤子の影響で少年小説『勇少年冒険譚　初航海』を翻訳、以後、『金堀少年』『遠征奇談』『二勇少年』など世界冒険譚シリーズ十二巻（いずれも訳書）を出版した。

この頃の翻訳は、たとえば森田思軒の『十五少年』は、「弥天《びてん》の黒雲は低く下《た》れて海を圧《あつ》し、闇々濛々《あんあんもうもう》咫尺《しせき》の外《ほか》を弁ずべからざる中《うち》にありて、断帆怒濤《どとう》を掠《かす》めつゝ東方に飛奔《ひほん》し去る一隻の小船あり」と漢文調の難解な文章が多かったが、鷗村の、たとえば『初航海』は、「船酔といふものは、実に心持の悪いもので、上等室に乗つて、召使や給仕人に、鄭重《ていちょう》に取扱はれて、手当充分にされても、苦しくて堪へられないものであるに、まして、僕のやうに、僅《わづ》か十二や十三の少年が（略）其ザマは何事だと笑はれたり、冷かされたりしては、なんぼう苦しいことでは無いですか」というように、明治三十二年の文章とは思えない、歯切れのよい新しさがある。

この年、鷗村は巌本善治の勧めで、女子教育視察目的で渡米する。現地で新渡戸稲造《にとべいなぞう》と親しく交わる。新渡戸は英文で『武士道』を執筆していた。鷗村は泊りがけで、その概要を聞いた。英文武士道は本になるとたちまち評判になり、ドイツ、ロシア、イタリー他各国に翻訳された。

もともとこの本は、外国人向けに書かれたものだった。貴国の学校では宗教教育を

BUSHIDO
The Soul of Japan
INAZO NITOBE
新渡戸稲造著
桜井鴎村訳
武士道
Bushido
The Soul of Japan
By Inazo Nitobe
桜井鴎村

しないそうだが、では道徳はどのように教えるのか、と問われ、新渡戸は返答に窮した。いろいろ考え、自己形成の過程を検証の末、わが国には武士道という固有の倫理がある、と思い至った。道徳体系としての武士道を、「日本の魂」と説いた。

明治四十一年、『英文武士道』は、初めて和訳された。訳したのは鷗村である。鷗村は新渡戸と話しあい、多少の修補をした。訳文は著者の校閲を経た。

翻訳中、鷗村の三歳児が病気で倒れた。症状は悪化の一途をたどった。鷗村は愛児につき添って、看護した。男児の苦しげなうめきを聞きつつ、筆を走らせた。

第十一章「克己」を訳していると、次の文章にぶつかり、ハッ、とした。

「之《これ》を家庭に見るに、児子の病に臥《ふ》するや、親心の闇に迷ふを暁《さと》られじと、終夜病室の屛後《へいご》に潜みて、病児の呼吸を数へたるもあり」

まさに、自分ではないか。三日後、愛児は息を引き取った。鷗村は『武士道』序文に記す。

「文中記する所、即ち予が為に讖《しん》を為《な》すものならんことを恐れつゝ、辛うじて脱稿したるものなり」。讖とは予言のことである。

愛児の死を新渡戸に報告すると共に、「此事を陳じて」子の名を訳書に留める許しを得た。すなわち本書の扉に、「亡児立夫の霊を祀《まつ》る　父」とある。

鷗村は帰国後、明治三十三年、津田梅子の女子英学塾（現在の津田塾大学）創立にかかわった（塾の名は鷗村の命名）。英語を担当し、梅子の補佐役を務めた。女子教育の志望を実現したわけである。

鷗村の著書に、『現代をんな気質』がある。明治三十三年十月、文武堂刊。訳書ではない。津田梅子や中島湘煙《しようえん》、三宅花圃《かほ》ら女性文化人が序文を記している。

書名に釣られて期待して読んだが、ナアンダ、だった。「一家の斉理平和は何ぞ、第一女の引きしまりたるに由来す。あの家は女房で持つて居るとは、女の分限を超えて出しやばるを悪口するものなれども、真理また自ら其中に在り」（「自堕落をんな」）

全編この論調なのである。ちっとも新しくない。文章も内容も古めかしい。

鷗村は明治の終わりと共に、英学塾を退き、実業界に転身した。北樺太油田開発に乗りだす。世界冒険譚の、さながら『遠征奇談』『決志少年』『殖民少年』『不撓《ふとう》少年』『金堀少年』である。昭和四（一九二九）年没。

「文学芸者」の自伝　読書経験生かした新橋の女将

二十六歳の夏目漱石は、遊郭がいかなる場所か知らずに、親友の正岡子規に笑われた。謹厳実直の漱石が死の前年、突然お忍びで京都に遊びにでかけたのは、いかなる心境だろう。熱烈なファンの芸妓《げいこ》らと食事をしたり、遠出をしたりしている。

漱石文学に夢中だった頃、漱石の高弟・小宮豊隆が、戦後まもなく「文学芸者」のことを書いている、と何かで読んだ。文学芸者とは、京で漱石と遊んだ磯田多佳《いそだたか》である。高浜虚子や谷崎潤一郎ら文人と交流があり、当時この異名で有名だった。約束をすっぽかし漱石を怒らせている（この手紙が全集に収録されている）。小宮の文章を探したが、見つからない。見つからないのも道理、別人の「文学芸者」だった。磯田多佳でなく、樋田千穂《ひだちほ》である。こちらも文学芸者と呼ばれ、文学を愛する比率はおっつかっつだった。

千穂は虚子に俳句を学んでいるが、漱石とは面識がなかったらしい。多佳より一歳

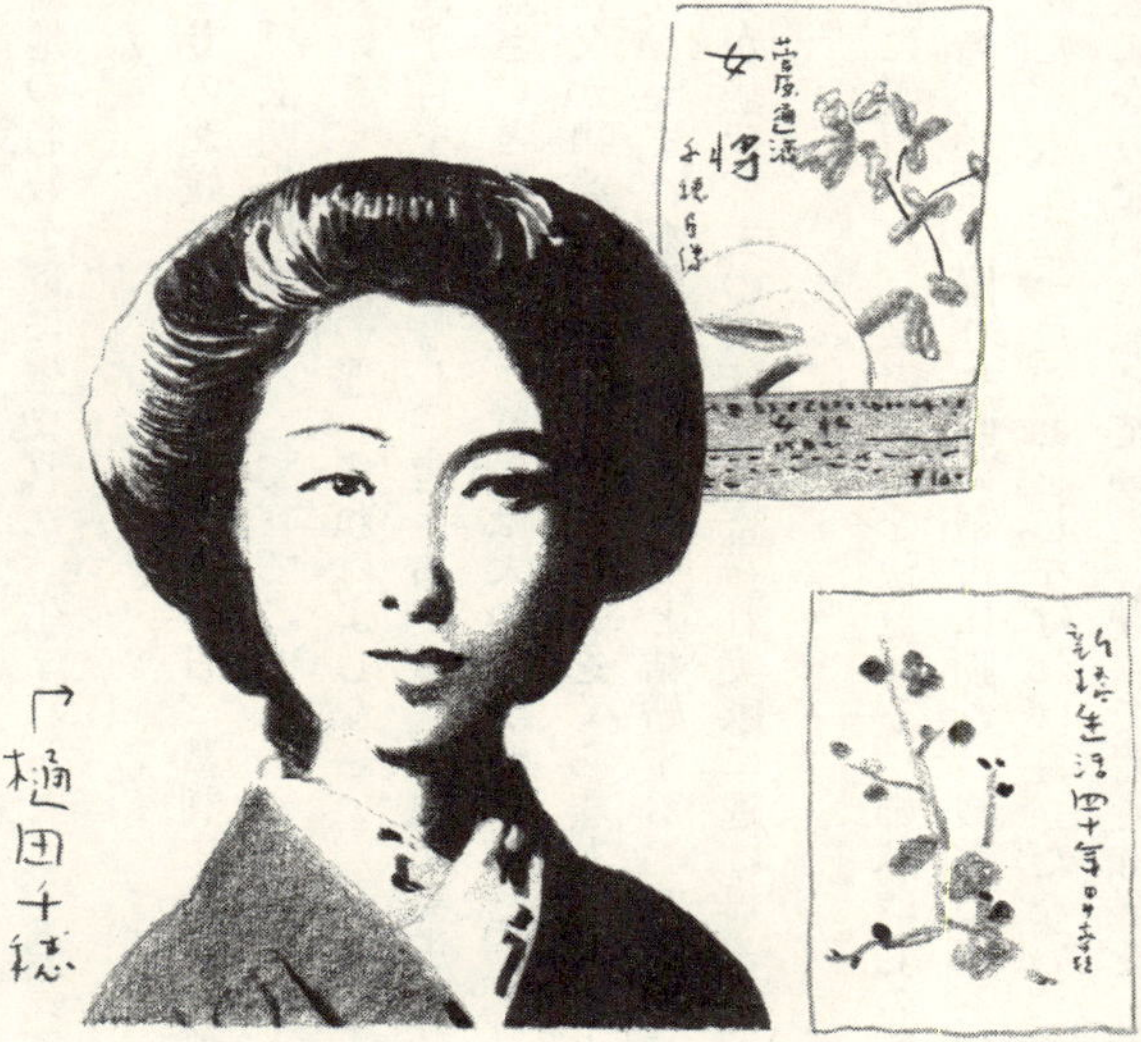
「樋田千穂
新橋生活四十年

花よと育てられた。

上である。多佳は京都祇園の茶屋大友楼の生まれだが、千穂は大阪の弁護士会長を父に、大阪北の新地の名妓《めいぎ》を母に生まれた。生まれるとすぐ会長宅に引き取られ、蝶《ちょう》よ花よと育てられた。

しかしお定まりのお嬢さまではない。ある日、裁判に敗れた側の用心棒二人が、いやがらせに来た。玄関先に寝ころんで、てこでも動かない。主人を呼べと凄《すご》む。小学生の千穂が出ていき、お行儀の悪いまねはよしなさい、学校でも教わらない、とたしなめた。用心棒が目をぱちくりし、起きあがる。千穂が菓子を持ってきて、お子さんのみやげにしなさいと渡した。これには大の男が涙ぐんだ。

十二歳の年に父が事業に失敗し破産、行方をくらまし、義母と二人裏長屋に移り内職生活、十八歳、望まれて銀行頭取の長男と結婚する。しあわせな日々で、男の子も生まれたが、夫が病死、夫の弟に言い寄られ実家に逃げ帰る。子と心中まで思い詰める。

母方の姉と妹に説得され、芸者稼業を決意する。姉妹は北の新地の売れっ子だった。芸名を小吉《こきち》と命名、必死で踊りや唄の稽古に励む。銭湯でお茶屋の女中の肩を流し、芸名を売り込んだ。人と違ったことをしなければ目立たない。子どもの頃から本が大好きで、小説家になりたいと思っていた。読書で得た知識を、お座敷で生かした。客の姓名を織り込んだ歌や俳句を、即興で詠み披露した。万朝報紙の懸賞小説に応募し、特賞を獲得、評判になった。

時の首相・伊藤博文が、大阪に立ち寄った際、好奇心から小吉を呼んだ。絶妙の座持ちに心を奪われ、以後、目をかけた。「伊藤公の寵愛《ちようあい》を受けるやうになりました私は、『おのしおのし』と呼ばれて重宝がられ、あちらこちらへお供をしたり、寛《くつろ》ぐ折りのお相手をつとめてまゐりました」

自伝『新橋生活四十年』の一節である。

この本は昭和三十一（一九五六）年一月に、学風書院より刊行された。序文を作家・林房雄が書いている。著者名は、田中家《たなかや》千穂。小吉は伊藤博文をはじめ桂太郎首相ら政治家や、大倉喜八郎、渋沢栄一ら財界人、六代目尾上菊五郎ら芸能界のひいきを得て、押しも押されもせぬ一流の芸者に成長した。自伝を出版した頃は、東京新橋の待合茶屋「田中家」の女将である。

千穂は自伝を三冊出版している。『新橋生活四十年』の二年前に、樋田千穂の本名で、『草もみぢ』（生活百科刊行会）を出している。

内容は『新橋生活』とほぼ同じ（『新橋』の方は芸談酔談の章三十頁ほどが加わる）。小宮豊隆の序文があるのは、『草もみぢ』である。「私はこの本の編輯の相談にあづかつた」と書き出され、こうある。「人から見たらとんだ酔興だと思はれるのかも知れない。然《しか》し田中家のおかみがこの前『女将』を出版した時の内幕をいろいろ聴いて、おかみがなんとなく可哀想になつたので、進んで私はその仕事を引き受けることにしたのである」『女将』？　そうなのだ。千穂には『草もみぢ』の二年前に出版した自伝があるのだ。

しかし、こちらは千穂の名ではない。著者名は、菅原通済《すがわらみちなり》である。表紙の書名横に、小さく千穂自伝とある。扉には、樋田千穂、菅原通済編とある。出版社は、要書房。菅原は売春・麻薬・性病の「三悪追放」運動で有名な実業家である。『女将』の序文も記しているが、なぜ著者名になっているのか、わからない。小宮の「内幕」はその辺を示唆しているのかも知れぬ。なお小宮は「文学芸者」とは言っていない。言っているのは林房雄である。

『女将』の内容は他の二冊とほぼ同様だが、本書のみの挿話がある。大阪の芸妓時代、一滴も飲めない酒を無理強いされた。断っても酔客は承知しない。体に入ればいいんでしょ、とひらき直った。着物の襟元を広げ、大盃《たいはい》の酒を、ざばり。豪快にして色っぽい。

天下之愚論『芸者論』

論語の普及に貢献した実業家

客の姓を織り込んだ歌を即座に詠む芸者あり。文学芸者の異名で、ただいま売り出し中。

「こいつは矢野というんだ」友だちが告げると、「矢野さんね。やの」とつぶやくや、たちどころに一首披露した。いわく、「君が名は高師が浜の蜑《あま》女がやの板屋の霰《あられ》音にこそ聞け」。

「文学芸者」は大阪北の新地、高田家小吉である。小吉はこののち伊藤博文に愛され、一流の名妓《めいぎ》となる。

即詠のエピソードを記した本は、『芸者論』という。明治四十五（一九一二）年六月一日発行。発売所は博文館だが、いわゆる自費出版である。著作兼発行者は、矢野《やの》恒太《つねた》。文学芸者が「蜑女がやの板屋の」と詠んだ、矢野その人である。

見返しをめくると、「天下之愚論　芸者論」とあり、こう述べている。「由来著述は学者の事業だが、大声は俚耳《りじ》に入らない。世俗の為に芸者を中心として道話を一つ書いて見度いと、柄にもない野心を起したのが病み着きで、こんな不道話が出来上った」うんぬん。

矢野は酒もタバコも嗜《たしな》まない。従って一人で酒場をのぞくこともない。つきあいで宴席に列《つら》なるが、もっぱら芸者の話し相手を務める。花柳界の様子を聞くのが、大好きだった。

そんな著者が、芸者を材料にして社会論、婦人論、人生論、教育論をつづったのが、本書というわけ。「天下之愚論」に釣られて読みだしたが、「芸者といへば、全世界に鳴渡った日本名物の一《ひとつ》である。我国は武士の国、四十七浪人の国、富士山の国、桜花の国、日光の国といはるゝ如く又芸者の国といはるゝのである」、まず芸者排斥論（批判）、排斥主張の一番手は老人で、次が芸者に振られた人の排斥論、続いて騙《だま》された人、貧しい人、奥様の批判、しまいに単純な不要論と連続し、現状放任か改良か、と問題点を挙げ、「『世の中に馬鹿な商売は一つもない。唯《ただ》馬鹿な客《ぼく》がある』といふ諺《ことわざ》から割出せば、芸者存在の原因はお客の存在にあるのである。著者は断言することを躊躇せぬ、『芸者堕落の原因は八九分以上お客にある』」。

ざっとこんな調子の、このような内容である。そして結論。芸者のレベルダウンは

芸者論の著者
矢野恒太

客とお茶屋と一般社会の責任である。ナアンダ、でガックリだが、そこはそれ「天下之愚論」とあらかじめ釘《くぎ》をさしている。

矢野の愛読書は『論語』であった。精神修養の書として、若者に親しんでほしい。そう願って原文と読み方と意味を掲げた『ポケット論語』を自費出版した。学説に頼らず自己流の解釈なので、難解の部分は、自分には分からない、と断った。道徳の教科書として読んでほしい、と言った。

明治四十年十二月に出版し、初版五千部売れた。新渡戸稲造の『英文武士道』が和訳されたのは、翌年のことである。矢野の著書は増刷を重ね、姉妹版としてハガキ半分大、原文のみの『ダイヤモンド論語』を発行した。こちらは渋沢栄一が愛用した。『ポケット論語』共々四十数万部を売ったという。論語の普及に貢献した。

その矢野が『芸者論』を著したのである。『論語』の注釈書を出した彼を「徳操円満の人」と見た世人は、今度は「淫蕩《いんとう》無頼の鬼」と見て驚いた。そのギャップから、人々は書店にかけつけ、定価一円の本書を争って購入した。

ハッタリではない。実際、売れに売れた。

発売前、矢野の友人が売行きを心配し、巻頭に名妓百名の写真を掲げ、巻末に投票用紙を添えて、読者に美人投票を頼め、最高点者に金牌《きんぱい》を贈ると謳《うた》えば、数十万部は確実に捌《さば》けることうけあい、と助言した。「然《しか》れども著者は之《これ》を買ふて貰《もら》ひたいと云ふよりも、之を読んで貰ひ度いといふ無理な註文《ちゆうもん》を持つて居たので、折角《せつかく》の名案に従ふことが出来なんだ」

新聞雑誌の反響がすさまじい。矢野はそれら批評や記事を百ページの冊子にまとめ、更に本文の追加分四十八ページを合わせて一冊にし、『芸者論新版追加之部』と題して知友に配った。のちには単行本の別冊付録とした。更にのちには（第八版より）書評と追加分を、巻末に載せた。

『芸者論』のこの別冊付録が「稀覯本《きこうぼん》」である。本文同様、別にどうという内容ではないが、古本で探すと見つからない。『芸者論』は大正九（一九二〇）年に縮刷版が出た。これには巻末の書評がカットされている。

矢野恒太は本書出版当時、第一生命保険相互会社の重役であった。不謹慎である、と批判が起こり、社業に悪影響を及ぼすのを恐れ、一万部限りで絶版にした。縮刷版はどういう理由で出されたのか、不明である。

矢野は『日本人ノ生命ニ関スル研究』や、『日本国勢図会』などを著した。『国勢図会』は昭和二（一九二七）年版を口切りに、今でも年度版を発行している。統計年鑑の一種だが、これほど息の長いベストセラーは稀れである。

人名索引つき随筆集　幅広い交遊映す「雑文」

「読者カード」というものは、いつ頃から始まったのだろう？　本に挟《はさ》まっているアンケート私製ハガキである。本書についてご感想をお聞かせ下さい、とあり、住所氏名、職業、購読紙誌、本書を何で知ったか、などを書き込んで版元へ送る。古くから行われている。近頃は個人情報保護法のせいか、あまり見かけなくなった。

『瓢《ひょう》たんなまづ』に挟まれた読者カードを見て驚いた。昭和二十五（一九五〇）年九月三十日に、啓明社から出版された本だが、送り先が版元でなく、著者・菅原通濟あてなのである。前記の事項を書き、「御感想ご希望等を記入」し投函《とうかん》すれば、「著者直接御返事を認《したた》めます」。著者の住所が印刷されている。

『瓢たんなまづ』はベストセラーになった。これは本人が言っていることだから、掛け値のある言葉だが、しかし古本で容易に見つかるところから、満更《まんざら》ハッタリではな

菅原通済

い。してみると著者は、多数の購読者にセッセと直筆の礼状を書きまくったに違いない。

書くのが大好きと広言する著者だから、苦にはならなかったろう。本書の内容も自身で説明している。「抑へどころのない雑文〝瓢たんなまづ〟とりとめのない日誌〝その日その日〟亡友の生涯とあの世からの通信〝往事渺茫〟いづれも印刷にするしろものでないとの非難は甘んじてうけるし、特に往事渺茫は、小説だか伝記だか、自分ながらわからない」

この「往事渺茫《びょうぼう》」が注目されたのである。「戯作二品」と銘打った長文で、前後篇に分かれている。前篇が「戸祭正直《とまつりまさなお》の一生」、後篇が「エンマ大王会見記」。実在の友人、戸祭の自殺をつづった。

前篇の抜萃が、「芥川賞の殺人」と題されて、昭和二十四年『オール讀物』十月号に掲載された。このタイトルがセンセーションを巻き起こしたのである。「本の話」でこの年上半期の第二十一回芥川賞を受賞した、由起しげ子の作品「警視総監の笑ひ」が、戸祭の私行を描いたもの、戸祭の妻は由起しげ子の実姉だった。戸祭の死は義妹の筆に理由がある、と菅原は匂わせた。それを戸祭に成り代わって（つまり、おれという一人称で）つづったから、なまなましい。こんな文章である。

「おれは余りにも人を恨むやうな気持になれない男なのだが、しかし由起しげ子の空空しさと女の身勝手には、聊《いささ》か憤りさへ覚えるのをどうすることも出来ぬ。いずれにしても見栄坊のおれには致命的な痛手だ。／だが、原因が何であれ、またおれの心情がどうであれ、結果としては彼女の描いた通りである」

由起の抗議に菅原は反論し、「芥川賞の殺人」の後篇のつもりで「エンマ大王会見記」を書いた。戸祭の死は作家・里見弴《とん》も『沖』という作品にしている。

菅原は文藝春秋社の池島信平の勧めで、「女将列伝」「芸者列伝」「トンネル綺譚《きたん》」を次々と執筆し、五十六歳で『放談夏座敷』を初出版した。以来、『通濟放談』『ふうせん狸《たぬき》』『カヘルは叫ぶ』『土龍《もぐら》の日光浴』『通濟一代』三部作など立て続けに出版、「とうとうニセ文士のお仲間入りをすることになってしまった」。

どれも「抑へどころのない雑文」と言ってよい。『通濟一代』青春篇に、「自伝千字文」があるが、これ一篇で生涯が通観できる。「通濟は日清戦争の真ッ最中に、土木請負師の次男坊として生れ（略）いたづらッ子でなまキズのたえる間がなく、九歳土手の首ッくくりの足を引ッぱつて巡公に叱られ、十二歳母を失ひ、十六歳初恋に破れ満洲落ちの馬賊志願（略）十九歳南洋王を夢見て、ジョホール半島をウロツキまはり、ゴム栽培だ、運河の開鑿《かいさく》だ、と大言壮語（略）廿　三《にじゆうさん》歳心機一転改心し、いつたん帰国したが、親父とケンカわかれをして、無断家出、英国に無銭留学……」

菅原は本業は実業家だが、映画俳優でもある。小津安二郎監督の映画に七本、出演している。すし屋の客で、ハマグリは虫の毒、チュウチュウタコかいな……とつぶやいたり、おでん屋でテレビをけなしたり、同窓会の宴席で、青葉繁れるを歌ったり、酒を飲む中年男の役が多い。永井龍男の長篇『風ふたたび』の主人公のモデルは菅原だが、これが山村聰・原節子主演で映画化された際、乞われて脇役で顔を出した。試写を見た小津が感心し、自作の常連に迎えたという。

江ノ島開発、鎌倉山別荘地分譲、松竹大船撮影所開所、などに関与し、売春・麻薬・性病の「三悪追放」運動に砕身した。

菅原の初期の著書には、巻末に「人名索引」がついている。たとえば『瓢たんなまづ』には、三百三十九名の名と肩書と本文ページ数が出ている。エッセイ集には珍しい配慮で、これは菅原の交遊人脈を表している。

「芥川賞の殺人」の戸祭正直の肩書は、無線技師で、愛称はトマサン、とある。『馬づら』という著書の登場人物は三百五十七人である。

香水郵便の考案者

後藤新平が共感した詩魂

明治四十五（一九一二）年六月二十三日付の東京日日新聞に、「第三回新著懸賞批評募集」の広告が出た。新聞社主催の企画で、次の二冊の新刊どちらかを、五四〇〇字以内で批評せよ。両書共一等二十円、二等十円各一名、佳作に新聞券を進呈。

当時の二十円は銀行員の初任給半分に当たる。書評の懸賞金としては、おそろしく高額である。対象の一冊は矢野恒太の『芸者論』で、これは先刻この欄で紹介した。

もう一冊は、後藤新平男案・平木《ひらき》白星《はくせい》稿・如山堂発行『劇曲平和』である。本書については新聞にこうある。「『平和』は詩人ならざる詩人後藤新平男が其縦横の奇想を流露し来《きた》れるもの彼れに深甚の諷刺あり『芸者論』と相俟《ま》つて現世相の好一本たるべし我が社が此の二書に対する批評を募る決して偶然にあらざるなり」

後藤新平男は、男爵の略称である。政治家であるが、「奇想」「深甚の諷刺」が、気になるではないか。「詩人ならざる詩人」というのも、思わせぶりである。そこで

『劇曲平和』を読んでみた。

明治四十五年四月十五日発行、定価は八十銭、総ページ数、百五十二ページ、本文は朱の枠に大きな活字でゆったりと組まれている。扉に、「この戯曲を男爵後藤新平閣下に奉上す　作者」の献辞、扉裏に、「小著出刊の機会に於《おい》て、本劇につき深切なる注意を与へられし先輩大道良太及び優人（役者）故川上音二郎氏の厚意を感謝す」とある。

「劇曲」は、要するにミュージカルである。

幕が開くと黒幕の前に黒ずくめの「誘惑者」が立っていて、序詞を述べる。これから平和の劇が始まる、いやすでに始まっていて、終りかけているのだ、平和と言ったが「鎧《よろい》を着けた平和」のことだ、世界は今や第三の時期に入った、鎧のいでたちで平和踊りを踊っている、と語るうち交響曲が聞こえてくる。誘惑者のセリフ。

「平和平和といふ歌が耳うるさく聞こえることぢや。その平和を口にするのは、二枚舌を有《もつ》てゐる蝮蛇《まむし》か、脳味噌のない蚯蚓《みみず》の外にはあるまいぞ。偽りで無くは無智なのだ。然《さ》うだ！　慢《みだ》りに平和を説くものは、人をして絶望せしむるものだ。」

電気の光は薄らぎ、誘惑者の姿は消える。黒幕が開く。まばゆいばかり明るくなる。ただちに管弦楽の合奏。

男爵
後藤新平

そこは天上界。平和大主神の御座所。その前で天の王子三名、天の王女三名が、「いづれも浄《きよ》らかなる軽羅衣裳《うすもの》」で、舞踊をしている。「楽座《がくざ》」で次の「舞踏歌」。「七重の虹の彩《あや》の輪を、七つ重ねしそれよりも、げに美《うる》はしく流雲の円《まど》かにめぐる舞の渦。平和の舞を、和楽の舞を、始めよ、つゞけよ、いざいざ和せよ」

王子王女らが踊り飽きて、平和は退屈だとぐちる。刺激を求めて彼らは人間界に下りる。誘惑者が扇動する。「誰も彼も平和に酔つてをる。やがては平和に亡《ほろぼ》されよう」「生きんとする者は戦へ！　国は国とた、かへ」

こんなセリフも出てくる。「日本の志すところは東西文明の融和、その他には何もない。それを知らずに悪名を嫁《か》し、黄人禍《イエローペリル》よ何よと騒ぐのは、日本を妬み嫉《そね》む妄想です」

この辺が後藤新平の言いたいことだったろうか。劇曲は誘惑者の敗北で終わる。女性たちの合唱。「そこにも平和。こゝにも平和。武士の武の字をわけて見るなら、戈《ほこ》を止《や》めよと誦《よ》まれる。剣を取つてさせや花酒。鎧を脱いで着る花ごろも。花いろいろの花がたみ」

男爵と詩人の接点は、どこにあったか？　当時後藤は逓信大臣で、平木は逓信省の大臣官房監察課員だった。勤務のかたわら詩を書いていた。与謝野鉄幹・晶子夫妻の

『明星』で、歌は晶子、絵は一條成美《せいび》、詩は白星と称《たた》えられていた。

明治三十六年、第一詩集『日本国歌』を出版、北原白秋が「背広の壮士を思はせる詩」と評した。こんな詩である。

「三尺無反《むぞり》の剣は無くとも／平和の詩をもて万馬を走らせ／凱歌《がいか》をあぐべき機《とき》一転」

「ああ我が任務は世界の統一／ああ我が抱負は人類共同／千載これをば言ひ伝へむ」

白星は後藤に目をかけられた。白星の詩魂に共感を覚えたのであろう。『平和』のモチーフを語り、劇曲にどうだろう、と勧めたのか。

大正二（一九一三）年、平木は東京駒込郵便局長を拝命した。局員の待遇改善や、年末郵便の集中分散に腐心した。翌年夏、「香芬《こうふん》郵便」なるものを考案、郵便物に香水をふりかけて配達した。効果の程は不明。むずかしい漢語で名づけたところが白星らしい。酒も煙草《たばこ》もやらぬまじめな人で、書物も机の前以外では決して読まなかった。

大正四年暮れ、郵便処理の過労から急死、三十九年の生涯だった。葬儀には何と一千人を超す参会者があった。

木下尚江の「饅頭本」

中学生で出合った運命の書

古書業界の用語で「饅頭本《まんじゆう》」というものがある。追悼集のことである。昔は葬礼の参列者に、大きな饅頭を引出物《ひきでもの》にした。饅頭の代わりに、故人を追悼する文集を編み、年回忌に縁者に進呈したのでこの名がある。

意外な有名人が追懐文を寄せている。プライベートな文章なので全集に収録されていない。一般人に読ませるために書かれていないから、真情あふるる名文が少なくない。限定非売品ゆえ、古書の掘出し物は饅頭本が多い。質素な、目立たない装丁なので、見すごされてしまうのである。

これもその饅頭本の一冊である。

「病中吟」とのみ印刷された白い袋入本で、袋を脱ぐと、『木下尚江遺稿　病中吟』が現われる。八十ページの、和装本である。

社会思想家で、『火の柱』や『良人の自白』の作家、木下尚江《なおえ》は昭和十二（一九三

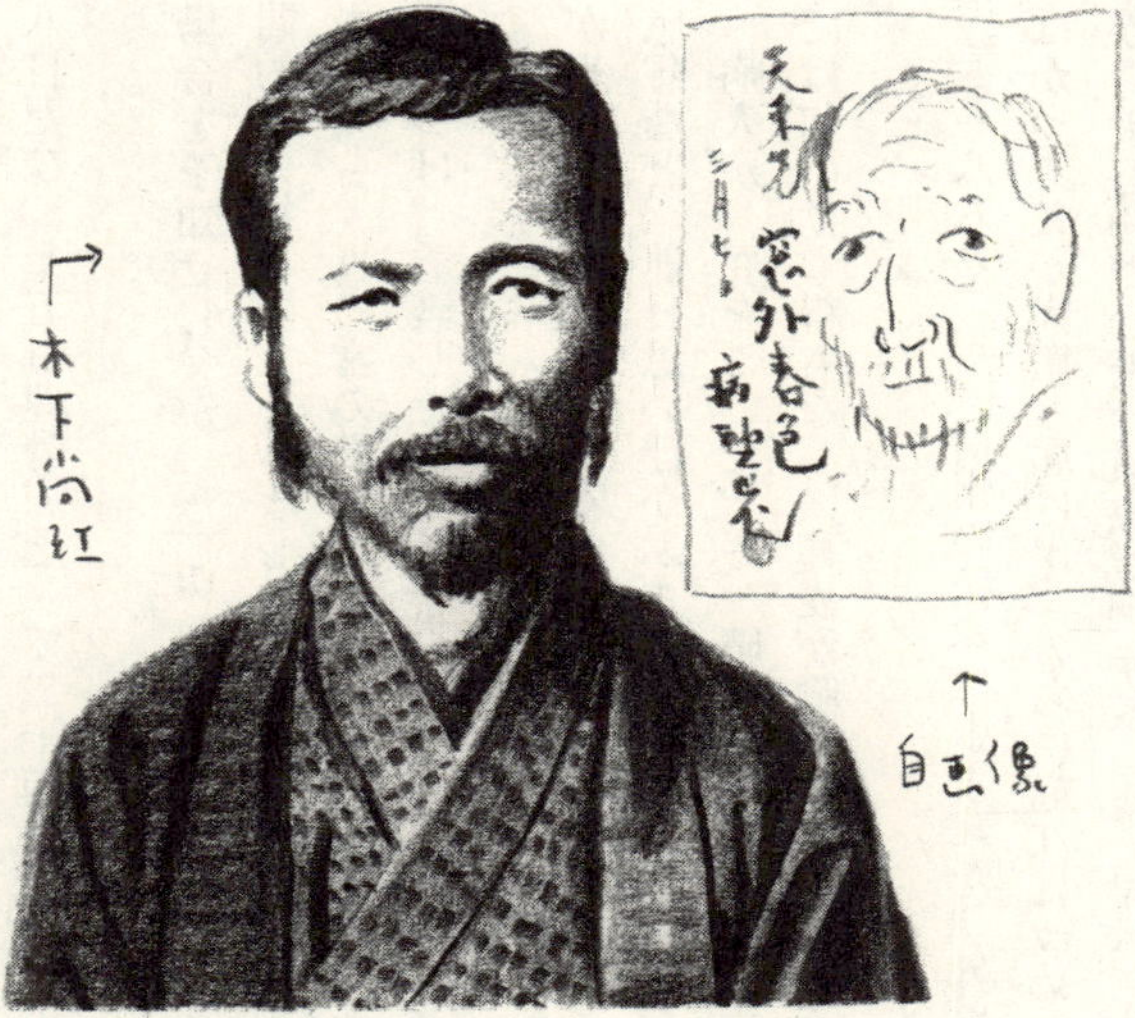
木下尚江
自画像

七）年十一月五日に、六十九歳で亡くなった。

七日葬儀、八日だび、十五日埋骨、そして二十四日、嗣子《しし》の御挨拶と共に本書が頒《わか》たれた。

「……最悪の場合を予知せし父が、『一切の形式を廃せよ』と私共に遺せし意旨に従ひしため、世間的に欠礼も多々ありました事をお詫《わ》び致します。又自然皆様の御好志は拝納いたしましても、世の常の儀礼を用ひませぬ事を御承知下さい」とあり、父が病間に病中吟と名づけ、看護した逸見斧吉夫妻に口述し筆録させたものを、記念にまとめた、うんぬん。

「病中苦吟」が当初の題だったが、本人が考え直した。十月一日より十一月二日まで、歌や句や詩や感想など、連日思い浮かぶままを記録している。

「十月二日夜　病人が　屁をこいたぞや　晴の秋　一度は天下を狙ひし悪党も老ひて病床に絶食しては何の欲も得もなし／蕎麦《そば》が喰《た》べたや　信濃のそばが　大根の辛味でつるつると」

尚江は明治二（一八六九）年、信州の松本に生まれた。外祖父が尚恵と命名したが、藩主の姫をはばかって父が尚衛と届け出、のちに尚江に改めたという。

蕎麦は幼時から大好物だった。東京専門学校（現・早大）生の頃、蕎麦店の女主人にほめられた。「盛《も》り」を何枚食べても汁《つゆ》を換えない、真の蕎麦好きの証拠です、と。

「十月七日　目に浮ぶ　故郷の山や　柿の村」

松本中学校の下級生に、のちに新宿中村屋の創業者となる相馬愛蔵がいた。愛蔵は妻の黒光《こっこう》と中村彝《つね》ら洋画家の後援者となった。その愛蔵が全校生遠足の思い出を語った。「柿の村」を過ぎる時、英語で柿は何と言うかと議論になった。誰も答えられない。英国に柿はあるのか、と疑う者もいた。すると、「柿はパーシモンさ」とこともなげに上級生の一人が教えてくれた。感心した相馬があとで何者かと先輩に聞くと、彼が有名なクロムウェルの木下だよ、と口々に言った。

クロムウェルは、尚江のあだ名だった。

尚江はパーレーの『万国史』を読んでいた。オリバー・クロムウェルの幼時のエピソードに驚愕《きょうがく》した。英国王父子が伯父の別荘を訪ねてきた。のちのチャールズ一世は、クロムウェルと同じ年だった。太子に挨拶せよと伯父に命じられた。太子は威厳をもって手を差し出した。クロムウェルはその手を払いのけた。侍臣も伯父も国王も、皆驚き恐れた。クロムウェルはこう言った。「何故小僧の手なぞに接吻《せっぷん》するのだイ」

後年クロムウェルは、チャールズ一世を叛逆人《はんぎゃく》の判決で死刑にした。著者パーレーは言う。チャールズは人民を支配するものと思っていたから倒れ、クロムウェルは人民の権利自由のために戦ったから勝ったのだ。

これを読んだ中学生の尚江は、「我は実に呼吸は止まり脈搏《みやくはく》は絶えて、全身氷の様になつたことを感じたのである」。長篇『良人の自白』でこの時の衝撃を、主人公の白井俊三の姿を借りて、こう書いている。

「我は一心に之を読んだ。読み返へした、暗記した、晩飯なんど食いたくない、明日の課業の準備なぞ如何《どう》でも可《い》い、室《へや》が狭くて仕様が無い、天井が低くて頭が支《つか》へさうだ」

それからの尚江は、「クロムウェル」一辺倒になった。何でもかでもクロムウェルで、熱狂ぶりは学校中に知れわたった。愛蔵は新入生だったから、わからなかったのである。

尚江には『万国史』は「運命の書」だった。帝王をも法律で裁くことができる。法律を学ぼう。そして弁護士になった。尚江の研究者、山極《やまぎわ》圭司は評する。彼は日本民主主義の先覚者で社会主義運動の先達、普通選挙運動の先駆者、優れた文学者にしてジャーナリストと。「十月二十九日　辞世（自書）何一つ　もたで行くこそ　故《ふる》さとの　無為の国への　みやげなるらし」

葬儀では従兄《いとこ》がこれを三唱した。

「猫」の稀覯本

養蚕指導者が著した初の百科

二月二十二日が何の日であるか、即答できるかたは、よほどの愛猫家に違いない。二が三つ並んで、ニャンニャンニャン、猫の日である。今年は令和二年で四つ、いや、西暦だと二〇二〇年で五つ並んだ。めったにあることでないから、各地で猫にちなむ催事が行われたようである。

昨今は猫ブームとやらで、猫に関する書籍も次々と出版されている。猫の本だけを集めている人も多い。この分野のコレクターは、昔からいる。

有名なかたでは昭和二十三（一九四八）年に、五十四歳で亡くなった劇作家の水木京太がいる。

水木は猫が大好きだったが、家人が好まぬので飼えない。代わりに本を集めた。猫のいない家を「不完全な家」と言った。

丸善のPR誌『学鐙』の編集をしながら、新着洋書を漁った。ある日、露店の古本屋で『猫』という新本を見つけた。定価四十銭のものが、十五銭で売られている。何冊も積んである。古本屋の称するゾッキ本で、見切り品のこと。

一冊買って帰り、何げなく読みだした水木は、中身の充実ぶりに驚いた。あわてて引き返し、そこにあった『猫』を残らず買い占めた。十七冊あったという。そしてすばらしい本だから読め読め、と知友に配ってまわった。

水木の集めた猫の本は、現在、東京の三田図書館にあるらしい（奥野信太郎『詠物女情』）。

猫は「威武に屈せず富貴に淫せず、強情に自我に生きる」動物で、「学ぼうとするのもその精神である。力に征服されずに好悪に就く」と書いている。昭和十五年に発表した「猫の言葉」という文章だが、「威武」や「力に征服」うんぬんは、暗に軍国主義を指している。

さて、水木が買い占めた『猫』だが、この本は明治四十三（一九一〇）年に、求光閣書店より出版された。四六判、二百六十八頁、写真四頁。著者は、石田孫太郎《まごたろう》である。わが国初の猫の百科と言うべき内容で、猫の種類・性質・食物・衛生・表情・美談・伝説・格言・俳句などが収められている。

「猫辞典」の記述は、こうである。「猫の前に鰹節《かつをぶし》　鰹節に限らず猫の好む者を猫の

殿さまの猫の絵
猫好き 水木京太

前に置て、猫に食はれたからとて猫を叱る者を笑ふた語（略）鰹節を食ふたからとて強《あなが》ち泥棒したとは言はれまい、よし泥棒したのであつても、好物を畜生の前に置いた不注意は免れまい、令夫人達の嗜《たしな》むべき点であらう」

「猫を逐《お》ふより魚をしまへ　魚を捕られまいとして猫の番をして居るよりは、猫の捕り得ぬ処に魚を収めて置けとの事、猫は捕るのが役目、それに捕られたからとて猫に忿《おこ》るともニャンにもならぬ」

徹頭徹尾、ニャンニャンの味方である。

本書が出版された当時、ペストが流行していた。ペスト菌の発見者・北里柴三郎が、媒介するネズミ退治を奨励した。東京市はネズミの死骸を交番に持参すると、一匹五銭で買い上げた。猫が引っ張り凧《だこ》になった。北里が飼育を奨《すす》めたのである。

にわかの猫ブームを当てこんで、本書は企画刊行されたらしい。著者は養蚕指導者であった。蚕の敵はネズミである。養蚕農家は、こぞって猫を飼った。

養蚕の盛んな上州には、「猫絵の殿様」で有名な歴代新田岩松がいる。ネズミ除《よ》けに猫の絵を描いて領民に配った。明治になって男爵に列し、バロン・キャットといわれた。

著者は職業柄、猫の研究をしていたのだろう。もとより猫が好きだったのに違いない。版元の思惑はともかく、きわもの出版ではない。ところが猫を飼う者は増えても、本を買って勉強する者は少なかった。

『猫』は売れ残って、定価四十銭の本が四銭で見切り本問屋に引き取られた。問屋は八銭で露店の古本屋に卸した。叩き売りされた本は、客に大事にされない。古本屋も客から仕入れない。かくて、『猫』は現代では稀覯本になってしまった。

読むことは、できる。一九八〇年に誠文堂新光社から復刻本が出た。原本に、小仏《こぼとけ》山人の「虎猫平太郎」三十二頁を新しく加えて刊行された。

小仏山人は著者・石田孫太郎の筆名である。

そしてこの復刻本の何よりの利点は、誠文堂新光社の編集者・小粥恵都子さんが、石田孫太郎の履歴と人となり、主要著作目録を調べ上げて、八頁の小冊子に仕立て付録にしたことである。

小粥さんによると、石田は明治七（一八七四）年、福井県の生まれ、群馬県藤岡の高山社で養蚕を学び、明治二十八年農商務省の西ヶ原養蚕試験場で、同郷人の佐々木忠次郎博士の指導を受けた。佐々木は、モースの大森貝塚発掘に参加した人で、近代養蚕業の父といわれた。

『猫』復刻版で注意すべきは、付録のこの小冊子が「落丁」のものが多い。

井上ひさし父の小説

入選作の品格と卓抜な表現

「私は名もない旅役者でございます。重《おも》に関東から新潟、東北の田舎廻《まわ》りをいたしてをります『成田屋』一行、そしてそんな中の中村福之助と申すいんちき女形（これが私奴《わたくしめ》ですが）——と申しあげれば、あ、あれかと合点なさる方も多分ございませう」とは繭上螽二の四千字のコント「祈り釘《くぎ》」の書き出し。ずいぶん難しい筆名だが、いのうえ・しゅうじと読む。螽は昆虫のイナゴのことである。本名・井上修吉、作家・井上ひさしの父である。

ひさしの自筆年譜に、こうある。「父は修吉、母はマス。父は薬剤師で、薬局を経営していたが、小説家志望で、当時の大衆小説家の登竜門『サンデー毎日大衆文芸コンクール』の常連投稿者だった」

「祈り釘」も同誌の入選作（懸賞実話「旅で拾った話」）で、これは昭和六（一九三一）年六月十日発行の夏季特別号に掲載された。

「H丸伝奇」さし絵より

「井上修吉（小松滋）」

福之助はK町の未亡人にほれられ密会を重ねたが、遊びのつもりだった。次の興行地に移った時、彼女から小包が届く。羊羹《ようかん》の差し入れと思い仲間の前で開けたら、五寸釘を二十一本も打ち込んだワラ人形。憎い相手を呪うまじないである。

一年後、福之助の一座は、またK町で興行することになった。小屋ぬしから意外な話を聞かされた。未亡人宅の近くの神社から、祈り釘が打たれた杉が三本も発見され、町中が大騒ぎだった。「何しろ祈り釘だなんて、昭和時代には無類の珍事だからね」

祈り釘については、木下尚江《なおえ》の小説『良人の自白』(明治三十七、三十八＝一九〇四、〇五年)にも出てくる。「草木も眠る真夜中の暗《やみ》を忍びて怨《うらみ》ある人の形代《かたしろ》を携へ、此《この》樹《き》の幹に釘にて打ち付け、一心不乱に呪詛《じゆそ》する時は、必らず復讐の目的を達すると云ふのである」

福之助の場合、祈った未亡人が亡くなる。祈られた方が死なぬ時は、かえって祈る方に災いが来る言い伝えがある。これが本編の落《おち》。

井上ひさし自筆年譜の続き。父は「入選も何度か果し、上京して本腰を入れて小説家になろうかという矢先、脊椎《せきつい》カリエスで死亡した(わたしが五歳のときである)」。

「祈り釘」から四年後、繭上はついに『サンデー毎日』の「第十七回大衆文芸コンクール」に入選した。入選者五名のうち、繭上が第一席である。第三席に、井上靖がいる。また選外佳作者に源氏鶏太の名が見える。

蘭上はこの筆名でなく、小松滋《しげる》を用いている。住所の山形県東置賜郡小松町（現・川西町）の町名と、長男の名を借りたのである（ひさしは次男）。

作品名は『H丸伝奇』。題の由来は、「作者の言葉」にある。

「明治四十三年の支那孫逸仙革命の際、日本に亡命中の孫逸仙等が貨物船ハドソン丸で支那へ乗り込む時の同船を背景に日本人二等運転手と支那娘の恋愛を主題に扱かつたものです」

選者の文芸評論家・木村毅《き》は、こう評している。「大衆文学が息詰まつたなどといふ人は、この作品をみるがい丶（略）手堅い手法、賤《いや》しからぬ品格、適宜に女を配して彩りを添へたのも心得たものだ……」

物語は横浜の怪しげな旅館の寝室から始まる。主人公のH丸乗組員と、花売り娘の一夜の交情である。すこぶる大胆な幕開きだが、あからさまな描写はない。

「男の若い心臓は、花売娘が持つてゐる花束の妖しさにおどろしく鳴つて、たゞもう苦しくなるのだ」

この一行ですべてを説明している。木村の言う「品格」であろう。

「雪がほろ〳〵と落ちてきた」「鷗《かもめ》が花火のやうに閃《ひらめ》いた」「コップが割れたやうな声

を立て〻」「椿の花が開いたやうに笑つてみせた」「すべ〳〵した頰《ほほ》が乳色の金魚のやうに泣くのだ」――卓抜な表現の数々。

小松滋の妻（つまり井上ひさし母堂マス）が、『人生は、ガタゴト列車に乗って…』という自伝を出版している。夫が亡くなったのは昭和十四年で、三十六歳の若さだった。短い結婚生活だったが、『H丸伝奇』入選の頃が一番幸せな時期だった、と述べている。

夫は膨大な蔵書を残した。マスは夫の形見を大切に守った。息子のひさし（廈）は、本を親父と思い、片っぱしから乱読した。稀有のストーリー・テラーは、こうして誕生した。作家・井上ひさしこそ、小松滋の最高傑作である。

『H丸伝奇』は五十枚の短篇だが、「プリントの書き方」という文を付けて、七十頁の冊子にまとめられている。発表時の林唯一のさし絵入りで、山形謄写印刷資料館が定価千円で販売している。著者名は、井上修吉（小松滋）である。著者が何者か知らないかたは見逃してしまうだろう。

背文字のない本

新橋の芸者が交わす東京語

明治時代の書物は、背文字の無いものが多い。和本なら仕方ない。背文字を入れる習慣が無かったし、文字を入れるほどの束《つか》（厚み）も無い。しかし洋本は違う。書店はどのような形で販売していたのだろう？　平台に表紙を見せて陳列していたとしても、せいぜい明治二十年代までで、以後は出版点数が格段に増えるから、書棚に立てて並べる方式に違いない。背文字が物を言うはずだ。

たとえば明治三十四（一九〇一）年刊の国木田独歩著『武蔵野』は、文庫判の大きさだが巻末の広告を入れると、ゆうに四百三十ページもある。厚みは十八センチもある。それなのに背はのっぺらぼう、棚にさしてあったら何の本かわからぬ。

明治三十九年刊の岡鬼太郎《おにたろう》著『晝夜帯《ちゅうやおび》』もそう。鏑木清方《かぶらききよかた》の美人画のカバーには、背文字が無い（本体の背にも書名著者名が無い）。

筆者は古書の通販をしていた頃、この本には苦い思い出がある。四十数年前のことで、購入した客が「背文字が薄れ読めない」と苦情と共に返品してきたのである。白地のカバーが日に焼けていた。当方はもともと背文字の無い本と思い扱ったのだが、出版当時は朱色のインクで書名が印刷されていたのかも知れぬ。カバーの題と作者名はそのインクで刷られている。長い歳月の間に退色し消失したのかもわからない。返品された本を、よくよく眺めたが結局判断がつかずくやしい思いをした。めったにある本ではなかったのである。

岡鬼太郎は、「花柳小説」の完成者として知られる。芸者が主人公の人情物語は、小泉信三や永井荷風らが絶讃し愛読した。荷風は昭和十（一九三五）年に鬼太郎の花柳小説（七冊ある。他に随筆一冊）の復刻を図ったが、実現しなかった。当時すでに稀覯の書であったのである。花柳界全盛のその頃読まれなくなっていたというのは、この社会の約束ごとが、一部特定の人にしか理解されなかったということだろう。

岡自身、芸者入門ともいうべき本を書いている。芸者の種類やしきたり、年中行事、遊びやまじないなど、老通人と口達者の問答形式で、小説風に仕立てている。『三筋の綾』という（明治四十年刊）。この本も、厚みが二センチもあるのに、背文字が無い。

本書によると、「遊びの秘訣、は好かれようと思ふな、嫌はれまいと思へといふに在《あ》るので、これを守れば気障《きざ》にならず野暮《やぼ》にならず、粋も通もこれから自然に解りま

「昼夜帯
カバーより模写
清方

すぢや」ということである。「高ぶらず如才ながらず、何処《どこ》から何処まで平々凡々仲の好い友達と遊んでゐる気になつて遊ぶが遊びの極意」なそうだ。わざわざ金を遣って命の洗濯をすることもなさそうだ。

『晝夜帯』は鬼太郎の第一創作集である。ちょいと、のぞいてみよう。まず、序文。「根が急仕込《じこ》みの意気がりなれば、引掛けた晝夜帯も、化損《ばけそこな》ひの尻尾とより外、見えぬは承知のひとりよがり、何さ不見点《みずてん》の売れる世だよと、われながら図々し」

解説がいる。晝夜帯は、両面が色違いの帯を言い、不見点は金のために体を売る芸者をいう。転びとも称し、不見転とも書くが、そう書かないところが鬼太郎の見識である。

物語は春夏秋冬に分け、春は午前六時から十一時まで、夏は正午から午後五時まで、秋は午後六時より十二時まで、冬は午前零時より五時まで、新橋の芸者屋「花の家《や》」の小《こ》りんと幾枝《いくえ》の二人を中心に展開する。

こんな塩梅《あんばい》である。もっぱら二人の会話で進行する。起きぬけに小りんが煙草をせがむ。幾枝が渡す。

「『ア、お腹《なか》へ沁《しみ》渡る。幾『考へると毒だわネ。小『だけれど、スーッとお腹へ入らないと、本当に目が覚めないよ。幾『家《うち》の姐《ねえ》さんは彼様《あんな》に好きで居ながら、顔を洗はない中《うち》には決して喫《の》まないッて、あたしア本当に豪《えら》いと思ふの。小『お前さんの宿《やど》（夫）は喫まないいんだネ。幾『お酒も煙草も戴《いただ》きません。小『それで遊《あす》んでよく退屈でないと思ふよ。幾『わたくしさへ側《そば》に居りませば。小『畜生、お三日《さんじつ》の朝ッぱらから、何《な》んの事《こ》ッた。ト掻巻《かいまき》の袖から手を出して……」

道理で、遊《あす》んでだの煙《けぶ》だの、堪忍《かに》してやろう、動く、幾日《いくんち》など、当時の東京の下町言葉が、ふんだんに出てくる。鬼太郎自身、芝山内の生《いご》まれで、父は幕府使節の一人でヨーロッパを回った人、母は江戸の材木商の娘だった。

そのせいか東京語に詳しく、下さいませとは言わない。下さりませ、下さいましである。何々しなさい、は何々なさい、見なさいはごらんなさい、何々してほしいは、何々してもらいたい、べらんめえ、とは言わず、べらぼうめである（『鬼言冗語』）。

岡鬼太郎の他の著書を、書名のみ列記する。『二筋道』『もやひかさ』『春色輪屋なぎ』『合三味線』『花柳演芸紅筆草紙』『あつま唄』。

昭和四十六年に名作六篇を収めた『柳巷綺談』が東京美術から出ている。

初のカンヅメ作家

明治の少年に「蓄積力」を説く

「カンヅメ」という業界用語がある。作家がホテルなどの一室にこもって、ひたすら執筆に専念することである。自発的にこもる場合もあるが、出版社が印刷の締切りに迫られて隔離するケースが多い。

「ただいま大宮でカンヅメになり仕事中です、からだは甚だ調子わるし」。昭和二十三（一九四八）年の太宰治の手紙である。カンヅメは流行作家の代名詞であった。遅筆堂《ちひつどう》の異名を持つ井上ひさしはカンヅメの常連で、「罐詰《かんづめ》体質について」なるエッセイを書いている。体質というより罐詰病という職業病だと主張する。

この言葉、だれが言い出したのだろう？　編集者でなく作家とにらんでいるが、まだ突きとめていない。戦後まもない頃の説もあるけれど、筆者はずっと古いと思っている。

罐詰の歴史に当然関わる。明治十（一八七七）年北海道開拓使が道内に鱒《ます》などの罐

カンヅメ第一号
原抱一庵

詰工場を設けた。軍用だが、たちまち民間でも始まり、明治十四年には鰯《いわし》油漬缶二十銭、鮭《さけ》二十三銭、鮪《まぐろ》二十五銭、牛肉二十八銭で販売された。盛り掛けソバが八厘の時代である。罐詰人気と共に、比喩としてカンヅメが使われなかったか。

昭和十年、詩人・文芸評論家、相馬御風《ぎよふう》のエッセイ「思ひは遠し」に、師の坪内逍遥が吹き込んだシェークスピア劇朗読レコードを聴く場面がある。「嘗《かつ》て坪内先生のおつしやつたやうに、それがよし罐詰にされた芸術であり、人間の声であるにしてもかうしていつまでも先生のお声に親しむことの出来るのは、全く以《もつ》て驚異に近い歓びである」。「罐詰にされた芸術」はレコードを指しているが、逍遥の形容がいつか作家のそれに転用されたのではないか。レコードに端を発しているような気がする。

博文館発行「少年文学」シリーズは、第一編が巌谷《いわや》小波《さざなみ》の『こがね丸』、第二編が尾崎紅葉の『二人むく助』、以下順調に巻を重ね、第十二編が原抱一庵《はらほういつあん》の『大石良雄』である。

明治二十五年八月出版、著者の「序文」に、本書を執筆せんと思い立ちたるはよほど以前のことだったが、理由あって着手できず、とあり、以下こう記している。「漸《やう》やく去月九日より十四日までの間博文館楼上に蟄居《ちつきよ》して認《したた》め了《をは》んぬ。長く久しき時間を余に仮せる博文館主人の厚意は深く余の謝する所なり」

蟄居。これ、「カンヅメ」ならずや？

カンヅメの語は使っていないが、形態はどう見ても出版社による作家のカンヅメである。さしずめ原抱一庵は、わが国小説家のカンヅメ第一号であるまいか。『大石良雄』は赤穂義士の主将だが、本書は良雄の生涯ではなく、彼の主将たるゆえん、主将の器について説く。良雄が持つ秀でた力は、蓄積力（レシーブド・パワー）だと言う。

「蓄積力とは、満を持して容易に発《はな》たざる忍耐の力を云ふなり、十分の力を常に八分に引締め置くを云ふなり。常に出過ざるを云ふなり、恒《つね》に内端《うちば》なるを云ふなり」

そして原は最後に少年読者に餞《はなむけ》の言葉を贈る。「社会に処して急歩する勿《なか》れ（略）退歩せざらむとすれば、徐行せよ。徐行せば、断じて失脚の懼《おそれ》なきなり」

徐行。ゆっくり進むこと。交通用語だと思っていたら、当時こんな風に当たり前に使われていたのだ。もっともこの頃、自動車はまだ走っていない。徐行を要する乗り物といえば、人力車である。

明治二十一年施行「営業人力車取締規則」をのぞいたら、「第三十条　往来雑沓《ざっとう》又ハ狭隘ノ場所及街角橋上ヲ通過スル時ハ徐行」とありました。特殊な語ではなかった。もしかすると短艇競漕《きょうそう》などでも用いられていたかも知れない。

『大石良雄』を出版した原は、同年暮れの二十八日に『少年小説　新年』を青木嵩山堂から刊行した。お年玉用の児童書である。

発行日の四日後、明治二十六年元日の物語である。書き出しの一行を拾い読みした少年は、ぎょっとしたことであろう。何しろ新聞のように今日の出来事が書かれているのだから。

朝香薫は十六歳。ひとりぼっちの元日を迎えた。両親を流行病で失い、身よりもない。しかし薫はめげない。新聞の売子《うりこ》をして稼ぎ、夜は独学する。さいわい家はある。雑煮をこしらえて祝っていると、年始客が来た。十一、二歳の貧しい身なりの少女である。おめでとうと挨拶し、これは私が描いたのです、あげますと彩色した絵を差し出した。薫は少女を思い出した。「薫はどういふ訳で、此の小娘を知て居るのですか？　これは余程前の話しで、その仔細は斯うなのです」……

原抱一庵は札幌農学校を中退、郵便報知新聞記者となる。少年読物や翻訳などで活躍、精神を損ね三十九歳で死去。

文学から空へ

異国で詩心養ったヒコーキ乗り

「日本では（略）武石浩玻《たけいしこうは》の俳人であり歌人であり、且《か》つ詩人であったことは周知の事実である」とは、『一千一秒物語』『ヒコーキ野郎たち』の作家・稲垣足穂《いながきたるほ》の、「空界へのいざない」の一節である。

武石浩玻は民間パイロットで、国内最初の犠牲者である。着陸に失敗し満二十八歳で亡くなった。

一九一三（大正二）年五月、大阪朝日新聞社企画「京阪都市連絡飛行」に招請され、複葉機を操縦した。初日は成功したが、二日目に深草練兵場にて不慮の厄に遭った。

この年の六月、武石浩玻遺稿『飛行機全書』が発行された。本文二四〇ページ、付録として政教社編「都市連絡飛行」一八八ページ、及び「京阪都市連絡飛行記事」一二ページ、計四四〇ページに写真四八ページ、函入菊判の本である。政教社発行。

「人類には無限大の欲望がある」と書き出された本書は、空を飛ぶ鳥への羨望から、気球及び空中船の発明に至る飛行前史をつづり、飛行機の出現を語る。「努力は遠き昔よりあつた」、一九〇九年英人ケエレーは、「空中航海」と題する飛行機に関する研究を発表する。何人かの努力者を明らかにしたあとで、オハイオ州デートン市の自転車製造人ライト兄弟を紹介する。兄弟は苦心の末、ついに一九〇三年十二月十七日、人類最初の動力による飛行に成功する。

武石がアメリカで『飛行機全書』を書いていたのは、一九一〇年で、ライト兄弟の快挙から七年しかたっていない。武石の著作は飛行機の黎明期に成ったものなのだ。その頃の機種を精細に解説し、飛行家伝と飛行レコード、用語解説や年表を入れて四百字詰原稿用紙で約三百枚を脱稿、日本で出版すべく人を介して奔走してもらった。しかし武石が無名なため、うまくいかない。その時の題名は「空中飛行機」であった。武石は改稿し、増補訂正を施す一方、飛行学校に通った。飛行士になれば出版がスムーズに進むと考えたか。国際免許を取得した段階で、再度、日本の出版社に当たっている。

結局、原稿が本になったのは、皮肉にも事故死してからであった。日本中が飛行機に注目し、武石浩玻というパイロットを知った。

のちにユニークな作家となる稲垣少年（十三歳）が、『飛行機全書』を購入し、三

武石浩玻

読四読し、宝物のように大切に愛蔵した。稲垣が空へのあこがれを強めるきっかけとなったのは、武石の死の飛行であった。

妙な言い方だが、武石浩玻は日本文学の助産師の役を果たしている。

稲垣は「周知の事実」と書いているが、武石が俳人であり歌人であり詩人であったことは、現今では限られた人しか知るまい。

武石は一八八四（明治十七）年十月、茨城県に生まれた。兄の影響で俳句を詠み、「ホトトギス」に投句している。水戸中学を卒業すると海員を志望し、横浜に出た。欧州航路を往復したあと、どのような心境の変化か、海への関心を捨て、文学研究のため渡米する。サンフランシスコの学校で学んだが、おそらく学費不足のため大学に進まず、労働に従事した。

農場で汗を流したり、ハウスキーパーや、日本の雑貨品の行商をしている。かれこれ十年に及ぶアメリカ生活を、日記に記している。いずれ体験記にまとめて出版するつもりだったらしい。暇を見つけては詩歌を作っている。

日記にいう。「テキサス州の中に、たった一人ぼっちで生きていると思えば、やや寂しくもあるが、詩の国には朋友がたくさんにいる。詩の国に遊びに行かれる我輩は、決して不運のものでない」（佐々木靖章編著『空飛ぶ冒険者武石浩玻『米国日記』』より）

ニューオーリンズ市の旅宿に泊まった時、隣室にたまたま日本人がいた。話を交わしたところ相手は文学好きで意気投合した。話題が俳句に及んだ。武石がびっくりしたのは、相手が「ホトトギス」に発表した武石の句を記憶していて、そらんじてみせたことだった。残念なことにその人は、翌日当地を去った。

「思えば運命の波動の奇《くす》しきことよ」

武石は在米日本人たちと俳句結社を作り、指導者になっている。俳号を天郊とした。その作品。「夏の月サボテンの影草に落つ」「ミュール群がるるバーンの背戸の秋日和」

結局、行商はうまく運ばず、在庫品を投売りして清算する。大みそかに、来年は必ず成功してみせる。そうでなくては今日様《こんにちさま》に申しわけない、と日記に書く。今日様とは、お天道様《てんとうさま》（太陽）のことである。明治の日本人らしい。

それにしても武石は、何がきっかけで飛行機に興味を抱いたのだろう？　日記や『飛行機全書』からは読み取れない。

元教師の滞欧記

サバイバル絵画で困難克服

「世界を旅するのは、自分等を見つけに行くやうなものだ」

とは『破戒』『夜明け前』の作家・島崎藤村の言葉だが、藤村は大正二（一九一三）年渡欧して、三年間フランスで生活し、『エトランゼエ』他の作品を生んだ。当時、海外旅行は贅沢の極と言われた。金持の特権だった。しかし資産家でなく、小学校教師で洋行を決意してから、独力でこれを実現した人がいる。それも、藤村同様、三年のヨーロッパ滞在である。どのように旅費をこしらえたのか。

八木熊次郎という。横浜市元街小学校に勤め、月給九十円。三十五歳になった大正十年、にわかに渡欧を思い立つ。目的は美術研究である。行きたいとなると一途《いちず》になる性格だった。四年後と決め、準備を始めた。知友は実現するはずがない、と聞き流した。すると熊次郎はいよいよ本気になった。

ここに、八木彩霞《さいか》著『彩筆を揮《ふる》て　欧亜を縦横に』という本がある。昭和五（一九

ハロームフレュ
「八木彩霞スケッチブック」より

三〇）年発行。絵と写真百八十葉入り、五三四ページ。

彩霞は熊次郎の雅号である。そう、熊次郎は画家として一部に知られていたのである。

大正九年、宮内省より明治天皇の肖像画を依頼され納めた。これより五年前、森永ミルクキャラメルのパッケージデザインを手がけている。黄色地に、トレードマークのエンゼルとばらの花束を配した、現在も使われている、あれである。

八木彩霞といえば、この森永キャラメルの図案かも知れない。

彩霞の著書は予告通り大正十四年十二月二十一日に、横浜港を出航してから上海、香港、エジプトを経て、マルセーユに着港、パリに滞留、そのあと英国、イタリア、ベルギー、ドイツ他を見物の末、ロシア、中国、朝鮮を経由して無事に帰国する旅行記だが、ユニークなのは、出国までのいきさつがすこぶる詳細なことである。つまりどのような工夫で金を調達したか、を数字を挙げて語っている。渡欧の総費用は概算で年一万円、二カ年滞在と見積ると二万円、留守宅に残す金が約五千円、二年の外国暮らしでざっと二万五千円用意しなければならない。

大正十四年三月、十五年働いた小学校を退職、慰労金一百三十円をもらう。この段階で銀行預金が六千五百二十五円で、手元金が三百二十円、合計六千八百四十五円也《なり》。

毎月の収入（恩給）三十七円六十六銭で、他に画料が約二百円入る。支出は生活費一カ月百五十円である。九カ月間に家族五人が生活しつつ、残金一万八千百五十五円を作らねばならない。

八木はせっせと絵を描いて販売したが、とても間に合わない。洋行予定二年を、一年半に変更した。それでも無理で、家族に残した金は三千六百七十八円、持参した金は八千円、これだけで渡欧した。

何とかなる、と度胸を決めたのは、懐工合もさりながら、語学もだった。まず話せない。さすがに不安になり、外国人相手の理髪店や人力車屋の若者に、「生きた」英語を教えてもらった。五十語ほど会得した。

八木には絵心がある。いざとなれば絵で語ればよい。

しかし実際には大いに苦労した。塩を買いに行った。船の絵を描き、波を描き、しぐさで指をなめ、塩っぱい表情を見せたが、全く通じなかった。あとで日本人に話したら、欧州は海水から取らない岩塩だ。通じるわけがない、と笑われた。

スイスに旅行した際、イタリアのミラノ駅にカメラを忘れた。八時間後、スイスのチュリヒ駅に着いて気がついた。駅事務所に駆け込み、カメラの絵を描き、ミラノ駅を描き、置き忘れたと思われる場所を三カ所描き、ミラノ発時間とチュリヒ着時間を時計で示し、あとは身ぶり手ぶりで説明した。最後はパリの自分の宿の住所を書き、ここに届けてほしいと頼んだ。駅員が電話代を身ぶりで請求する。

渡すと、その場でミラノ駅に連絡してくれた。見当たらないらしい。目を丸くし口をとがらせ顔を左右に振り、両肩を上げた。八木はあきらめた。「ありがとう、さよなら」と日本語で礼を述べ、表に出た。

それから十日程して寄宿先にハガキが届いた。宿の人に読んでもらうと、カメラ発見、届けるから送料(日本の金で六十銭)送れ、とあった。早速、礼状と共に送金すると、三日後、無事に手元に届いた。

旅行記としては、さして面白い本ではない。珍しい挿話といえば、ロンドンからパリへ旅客機に乗った体験談くらいか。列車で十時間かかるが、飛行機は一時間半、片道四十円である。

それと横浜より乗った賀茂丸の食堂には、三毛猫がいて、カツを分けてやると、顔を覚えて毎度すり寄ってきた。彩霞はこの旅でどんな自分を発見したか。「相変わらず平々凡々な昔の八木です」

ステッキ護身術

〝海賊〟流の極意を獄中出版

寄る年波で、外出の際に杖《つえ》が必要になった。杖をつく身になって周りを見たら、世の中にこうも杖の世話になる人が多いのかと驚いた。今まで関心がないから目に入らなかったのである。

雨の日の外出は厄介である。空いた手に傘を差すと、あと何も持てない。それを考えずコンビニで嵩張《かさば》る買い物をし、さほど重くないので助かったが、夕方、人通りのない住宅街をとぼとぼ歩いていると、いきなり傍らすれすれを自転車がスピードを上げて走っていった。驚いて道の端に寄ると、もう一輛《いちりよう》、更にもう一輛、三台目は明らかに私を威嚇するように、私の方に幅寄せして笑いながら過ぎた。ぬれ鼠《ねずみ》の、どうやら中学生らしい。

彼らは前方で道を塞ぐように止まった。何事か小声で話している。不穏な気配を感じて、私も足を止めた。三人は自転車の向きを変えるしぐさをした。一人が訊《たず》ねた。

「おじさん、何か言った?」

その時、彼らの背後の横道から、新聞配達のオートバイが現れた。彼らはあわてて自転車を発進させた。

面白がってのふるまいだろうと思う。しかし、つくづく杖は弱者の象徴であると知った。悪い真似をしようという者には、杖は恰好の目印なのだ。加齢者は護身術を身につける必要がある。

思いだしたのは、『ステッキ術』という本である。

著者は江連力一郎《えづれりきいちろう》。一九三二(昭和七)年、郁文書院より発行された。四六判、並製一円五十銭、特製三円。ステッキを用いた護身術教本である。江連の肩書は、天真《てんしん》正伝《しょうでん》神道流(兵法中興の祖、飯篠《いいざさ》長威斎の流儀)とある。

序文によると、洋杖術の存在を知り、浅草に心形刀流護身杖術の金子愛蔵師を訪ねた。先生は自分に居合を抜かせた。江連は幼少の時から剣術柔術を稽古し、武術には自信がある。先生は「貴殿はできる」と言って、自分の流儀の型を見せてくれた。それを十日ほどで会得した。かなり難しい武術である。

「そこで忙しい現代の護身術として、簡便で、実用的で、素人にも覚へ易《やす》いものをと、其後《そのご》、色々と工夫に工夫を重ね、可なりの年月に亘《わた》り研究した結果、稍々《やや》意に充《み》つる

江連力一郎

ものを編み出した」「僅かの稽古さへ積めば突差の間にも一本の普通の洋杖を以《もつ》て、敵の凶器に対抗し得る、護身術としては現在一寸《ちよつと》類の無い……」

写真と図による解説書である。著者はこれを「獄中」に在《あ》って書き上げたという。新聞で報じられると、各方面より出版を望まれた。しかし「之《これ》は私の真の研究でもあり、独想でもあるので、何時《いつ》か適当の機会に自己出版しようと思ひ」断っていたが、近頃、「時節柄でもあらうか」是非刊行したいとの熱望しきりで、うんぬん。結局、上述の版元に任せた。

この郁文書院から江連は同年、『獄中日記』も出版している。一九二四（大正十三）年六月三十日からの日記の抄録である。「三十分ばかり外を眺めたり、突の稽古をしたりして机に向って、刀を抜き乍《なが》ら構へる事を書き初《そ》む」これが『ステッキ術』の原稿だろう。

翌年正月ある人から手紙がきて、「切手十二枚封入しあり領置の拇印《ぼいん》とりに来る」。切手は十日前に発行された天皇銀婚記念のそれであった。四種発行された。「されど余にどんな切手を渡すやら必ず普通の切手を渡すなるべし」

案の定、記念切手は監獄の係らが「欲しがつて取り換へてしまつて今たつた一枚ほかないからあとは普通切手でがまんして呉《く》れろとの事である。予期して居た事だから

『さうですか』と云《い》って笑ふより外ない。……」「長春殿にたつた一枚残つた記念切手を使用して手紙を出さうと思つて書きかけたところ……」

江連は獄では「頭目」と呼ばれていた。海賊のかしらだったからである。

一九二二年、江連力一郎（三十四歳）は借りだした七四〇トンの大輝《だいき》丸に、募集した在郷軍人や学生、失業者ら四十五名を乗せ、シベリアに砂金採取の名目で、ロシアに向かって出航、途中で本来の目的を明かした。

二年前、ロシアのニコラエフスク市で非正規軍に、日本領事館が襲われ焼失、領事や在留邦人や軍人が多数死傷した。いわゆる尼港《にこう》事件である。江連はこの復讐を果たすのだと、尼港沖でロシア船二艘《そう》を乗っ取り、積み荷を奪い、乗組員十六人を殺害し、一艘を沈没させた。大輝丸の乗組員二名が警視庁に自首して、発覚した。尼港事件で殺された同胞の霊を慰めるため天誅《てんちゅう》を加えたと供述した。一九二五年懲役十二年の判決が出た。

何度か特赦を蒙《こうむ》り、一九三三年に出所した。『ステッキ術』出版の翌年である。なお、本書は二〇一〇（平成二十二）年に復刻版が出ている。

目利きの珍書屋

商売一徹転べど起き上がる

古い記念切手をせっせと消費している。郵便料金が上がって一円二円切手の出番が多い。一円切手の図案は、「郵便制度の父」前島密《ひそか》である。

先日、某紙の投書欄に、華やかな切手の中に地味な肖像とは、と嘆く声が出ていた。すると数日後、肖像のぬしを称《たた》え、彼の恩恵を忘れてはならない、という投書が載った。この人は女子中学生であった。私のまわりで手紙を書く者は年輩者がほとんどである。中学生の代弁は大いに嬉《うれ》しかった。

一円二円切手の需要が増えた時、私は訪問の手みやげにこれを各一シート（百枚）用いた。気のきいた手みやだと喜ばれた。色の取合せがよかったか、最も安上がりの贈り物だった。

前島密に、『鴻爪痕《こうそうこん》』と題する自伝がある。鴻爪は前島の号である。十二歳で越後から江戸に出た密は、医者の学僕になった。辛苦すること数年、ふところは常に寒く、

← 前島密

郷里の母が手縫いの衣類を送ってくれるも、着ることなく売って負債の償却にあてるありさまだった。そんな折、「日本橋四日市に出店せる達摩屋《だるまや》伍助の知を得てその写本の筆耕を為《な》し、単にその料金を得たるのみならず、望外にも種々の新学を知るを得て意外の利益を収めたり」

達摩屋は、古本屋である。主人の名を、岩本五一という。前島は伍助と記しているが、本人がそう称していたのかも知れない。本好きの客から「珍書屋」と呼ばれ、大層繁昌していた。当時の古本屋はこれと目をつけた本は、アルバイトを雇って何冊かまるまる写し捌《さば》いていた。五一の店には数人の写字生がいた。

「余は達摩屋の写字に依《より》て当時の世態人情を知り」とある。

小説や随筆の、いわゆる軟派本を主に扱っていたのである。政治思想書は危険だからだ。薩摩の島津公の文書を入手したことがあり、客に内密に貸与したところ、瓦版に印刷され、手鎖五十日の刑に服した体験がある。

これにこりて、風俗世相、異風奇聞を記した稀覯本を収集した。大半が写本である。自ら目を通し、これは面白い、是非とも皆に読んでもらいたいと思う本を選《よ》りに選った。一八五七（安政四）年、一輯《しゅう》に八点から十点を収め、二輯を一巻として刊行。全十輯、全百点の予定であった（惜しくも六輯六十点で中断した）。

叢書《そうしょ》の名称は『燕石十種《えんせきじつしゅ》』とされた。第一輯の序文に言う。「一、此書玉《ぎょく》にして捨てられんや。はた石にして用ゐられんや。己《おの》レ素《もと》より有情なりといへども。吾が撰集の巧拙を知らず。人視《み》てよく之を別《わか》たん。玉なるか。石なるか。光りありや。ひかりなしや」

中国の燕山から出た石は玉に似ている。そこから無価値の物を宝だと誇示する意である。しかし『燕石十種』は、貴重な江戸期の随筆叢書、と今では達摩屋の業績が嘆賞されている。

達摩屋五一は五人兄弟の末っ子で、一番みめが良いとてかく名づけられた。江戸築地に生まれ、十二歳で日本橋の書店に奉公した。二十二歳、主家が潰れ、両国の同業に番頭格で迎えられた。雑書を漁り、狂歌を詠み戯作に励む。書店を辞し、古本のセドリをした。安い古本を見つけて、懇意の古本屋に納め、利鞘《りざや》を稼ぐのである。本の知識が物を言う。大いに、儲かった。五一の目利きと博識の程がわかる。吉原通いの道楽が過ぎて、勘当された。

張子《はりこ》の達磨をこしらえる家の婿養子になった。古本の露店をしていたが、三十四歳の年に大火に遭い、それを機に日本橋四日市に店を出し、達摩屋の看板を掲げた。「張子の達磨」の意には、五一なりの諷刺が込められているのかも知れぬ。しかし顧客らはこの屋号より、「珍書屋」の別号で親しんだ。

達摩屋主人の狂歌。「七転びしても五一は禄《ろく》じやもの達摩やなれバきつとおきやがる」

店が終わると自宅に帰って、本を読むか書いていた。蔵書はたった三冊、あとは自分が抜き書きした文集が四、五冊きり。商売に徹していた。

一八六八（慶応四）年、五十二歳で死去。孫が五十年忌の一九一七（大正六）年、『瓦の響』という遺稿集を出版した。五一が生前まとめ自序を記し、二代目が目録を作って狂歌集『しのぶ草』と合わせ編集したものに、三代目が略歴と逸話を付して刊行したのである。

菓子屋の広告も書いている。

「花より団子。色気より食気に間《はま》る下戸様方。ます〳〵御機嫌よろ四季の。折に経《ふれ》ての御茶うけ。月雪花を眺むるにも。口ざみしくては面白からずと。自勝手《てまへ》を夕霧の。文句ならねど立とまり。買はずに往《い》んでは此むねが。数万のお客の入かはり。入かはりても相変らず。多少に限らずとは申せど。沢山御用あるへい糖。干菓子。煎餅。蒸菓子。餅菓子。目録にあるかぎり。御好次第に仕り。儲は薄く味ひは。厚き恵を保食《うけもち》の……」。達摩屋五一、ただの珍書屋ではない。

お記録本屋

江戸の出来事　細大漏らさず

幕末、江戸は外神田御成道《おなりみち》（現在の秋葉原駅付近）の広場に、雨雪の日以外は必ずムシロに古本を並べて露天商いをする者がいた。常に頬《ほお》かぶりをし、素麵《そうめん》の箱を机がわりにして何やら書いている。太っていて、遠くから見ると達磨《だるま》のようである。人呼んで「本由《ほんよし》」、本屋の由蔵、または「お記録本屋」と言った。

横尾勇之助の『文行堂座右記《ぶんこうどうざゆうき》』に、「本由」の横顔が出ている。横尾は文行堂古書店の二代目である。「藤岡屋由蔵、江戸近在ノ人ニシテ神田旅籠町《はたごちょう》に住シ書肆《しょし》ヲ業トセシガ性記録ノ癖《へき》アリ日々店頭ニ坐シテ柳営（幕府）ノ沙汰下臣ノ風聞及ビ市中ノ流言当時ノ流行ヲカキシルシ一日も漏《も》らスコトナシ明治二三年ノ頃八十有余ニシテ死シタリ」

横尾はこれを飯島虚心の『求古録』序文により知った、と記している。飯島は本由がせっせと書いていた「お記録」を抜萃《ばっすい》して、『天言筆記』を編んだ人である。横尾の顧客であった。

本由が毎日熱心に書いていたのは、どんなものだろう。現在私たちはそれを活字で読むことができる。『藤岡屋日記』である。先の横尾は、『本由日記　箱入百八十冊』と記し、次のように解説している。「此書慶長ヨリ文化ニ至ルヲ前記シ文政ヨリ慶応ニ至ル迄ハ本由ノ見聞ニ係ル所ヲ筆記セルモノナリ」

必ずしも正確でない。本由の見聞以外に文書や瓦版の写しや、落首はやり唄など、興味を覚えた事一切を記録している。

たとえば一八〇七（文化四）年夏、深川八幡の祭礼の人出で永代橋が落ち、多数の死傷者があった。この事件でばらまかれた刷物の文言。「世の中に神と仏の道二つけふ（今日）は祭礼あすは葬礼」「お祭へ行《ゆく》のの道は近けれど　まだ出しも見ぬ橋の落チ立《たて》」

以下、大意、落しばなし、馬。永代の橋のたもとにて馬一頭さめざめと泣く。馬殿、何をそのように泣かっしゃると言えば、馬「何を隠しましょう、たった一人のまごを亡くしました」

同じく、鎧《よろい》の渡し。永代橋ケガして寝ている所へ表より、お願い申します。どなたでございますと問えば、よろいでございます。ハテよろいとは？　ハイわたしでございます。

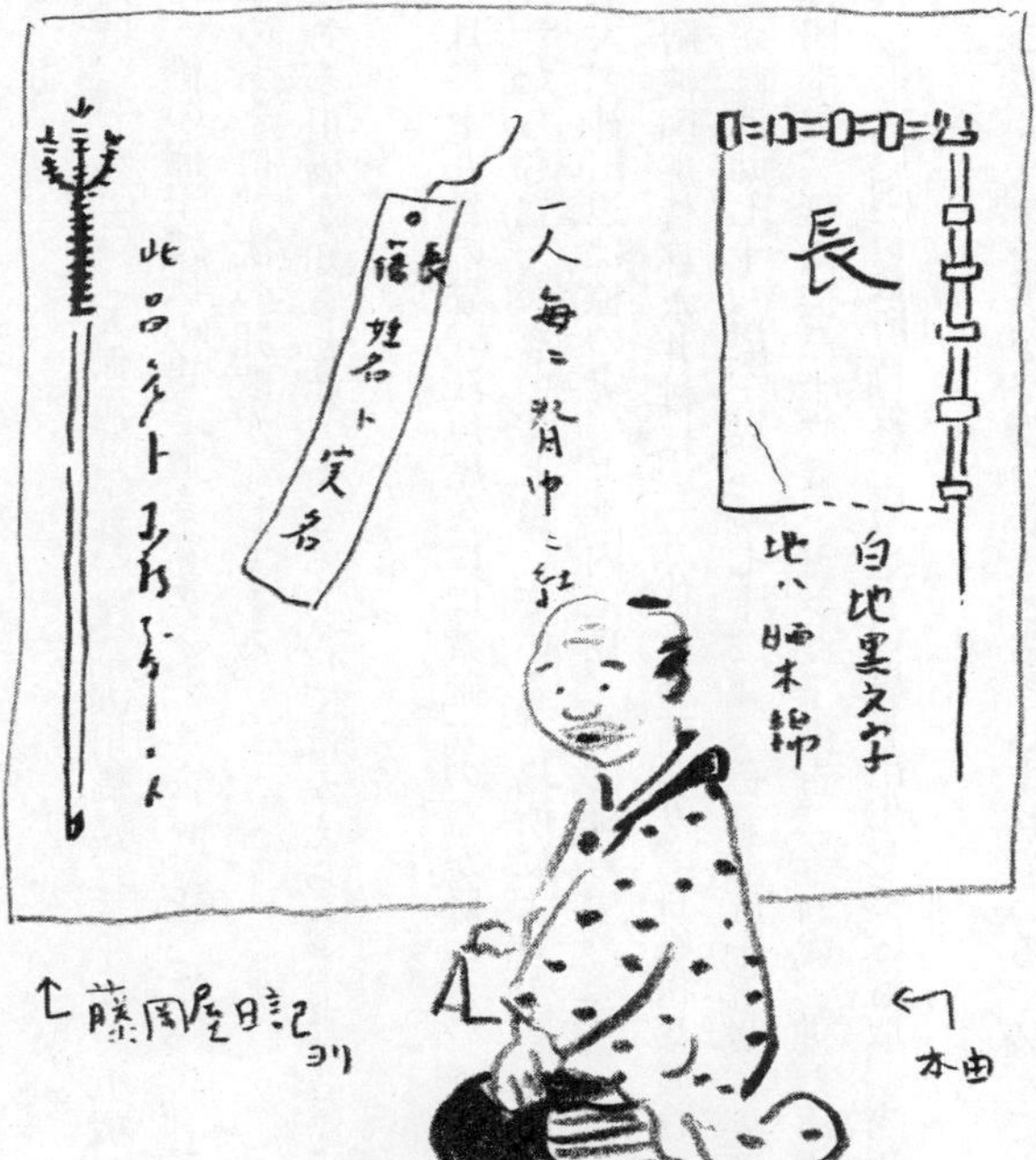
長
白地黒文字
地ハ晒木綿
一人毎ニ背中ニ
姓名ト実名
藤岡屋日記ヨリ

人橋掛け算。妻子に主従。むごく難渋。川中の定業《じょうごう》。死後の無常。因果の業。逃んが死。遊山が毒。

橋といえば、一八三〇（天保元）年暮、浅草大川橋に、二十四、五歳の男が飛び込み自殺をした。橋の欄干に次の書き置きがあった。「ちょっとここらで死で見ましょう」

この記事のあとに、次の狂歌が記してある。

「よい事にあふ川橋か知らね共　ちょっと行てはかえられもせず」。この歌は本由の作である。

当年の三月二十九日の昼、江戸尾久には茶碗《わん》大の雹《ひょう》が降った。かくの如《ごと》く巨大な雹は「極老人」たちも覚えがない、と驚いている。場所により大きさはまちまちで、下谷辺は団子大、神田辺は椋《むく》の実、丸之内は豆、芝は降らず。

この年、阿波国那賀郡永井村に、「五代夫婦」あり、百姓松兵衛百一歳、妻登利九十五歳、せがれ武助七十八歳、妻ふゆ七十二歳、孫条七五十七歳、妻さ多五十一歳、その孫豊作四十歳、妻た美三十六歳、ヤシヤ子虎吉二十一歳、妻た津十七歳。しめて五百六十八歳。「田畑多数所持致し居、五代男子出生して嫁も取、当年迄《まで》一人もかけ申さず候」

とまあ、このような記事が、びっしりと描き込まれている。読んでも読んでも尽きない。何しろ活字の『藤岡屋日記』（三一書房刊）一冊が大判の二段組みで六百三十頁余、これが全十五巻ある。本由の記録熱ぶりは、ただ事でない。

『藤岡屋日記』を発見し世に紹介したのは、京都帝大学長を務めた狩野亨吉《かのうこうきち》博士である。狩野は夏目漱石の親友として知られる。学者なのに著述を好まず、文章の発表を嫌い、著書一冊無い（歿《ぼつ》後《ご》十六年たった一九五八年、崇拝者らが雑誌に載せた小論や談話、講演速記を集めて、二百頁少々の『狩野亨吉遺文集』を出版した。これが唯一の著書である）。

狩野は屈指の蔵書家であった。隠れた著者の文章を探して読むのが、何より好きだったようである。人間平等を唱えた江戸期の「安藤昌益」を発掘し、日の目を見させた。狩野は本由日記を東京帝大図書館に収めた。これは一九二三（大正十二）年の関東大震災で焼失した。さいわいなことに焼失前に、東京市が複本を作っていた。三一書房版は複本を活字化している。

ところで狩野は原本をどこで入手したのだろう？　これは筆者の臆測だが、先に話した横尾の文行堂であるまいか。

実は文行堂は「お記録本屋」と交流がある。本由が店を畳んで故郷の上州藤岡に帰る際、別れの挨拶を交わしている。膨大な「お記録」は文行堂が引き取り、狩野に持ち込んだのではないか（一部は文学博士の笹川臨風が所蔵）。

性科学者の真摯な解説　発禁処分続々　時の人に

「その二・二六事件の反面に於《お》いて、日本では、同じ頃に、オサダ事件といふものがあつた」（太宰治『苦悩の年鑑』）

三十二歳の阿部定が、情人を殺害し陰茎を切り、それを持って逃走した事件である。太宰は記す。「オサダは眼帯をして変装した。更衣の季節で、オサダは逃げながら袷《あわせ》をセルに着換へた」

当時の新聞は男性器を何と表現したか。「下腹部」（東京朝日）「局所」（読売）「グロ物件」（名古屋新聞）「急所は死後切断」（読売）。定は古着屋で着替えたが、女店員に自分の荷物をさわらせなかった。読売は店員の談話として「アレがはいっていたのかも」と書いている。また見出しに「陰部切断は死後」とある。

「性科学者」高橋鐵《てつ》なら、さしずめ「りんが」と表記するだろう。女のそれなら「よに」である。

高橋鐵
ARS
AMATORIA
Study
of
Types in Coital Posture
TAKAHASHI
TOKYO
-SHA CO. LTD

高橋鐵も、なつかしい人になった。六十代以降の、特に男性は覚えがあろう。『あるす・あまとりあ』だの『あぶ・らぶ』だの『りんが・よに』だの『紅閨秘筺《こうけいひこう》』などという、けったいな書名を。一九五〇年から八〇年代前半くらいまでは、どこの古本屋の棚にも、これら高橋の著書があふれていた。しかも皆売れていた。特に『あるす・あまとりあ』は副題の「性交態位六十二型の分析」が効いて、店に出したとたん、客が反射的に手を伸ばした。別に写真や図があるわけでない。女跨位だの半坐位だの男反背位、女俯背位、女上背膝位、感覚位など何だか意味不明の用語や英語が頻発し、ヴェルデやフロイドや、アルベルト・モル、フリードリッヒ・クラウス、エリス、キッシュ等各国博士の言葉が引用され、一見、学術書とみまがう。客はしかし先刻承知で、高橋鐵の名で購入していたと思う。

実はこの本には並製と特製の二種あって、特装版は体位図が巻末付録だった。そのため当局に摘発された。高橋が関係する月刊誌も、たて続けに発禁処分になり、高橋は「時の人」であったのである。どういう本なのか読んでみよう、と好奇にかられる若い読者が多かった。

そう、かく言う筆者も、野次馬にそそのかされて高橋鐵を手に取り、魅了され、熟読し、骨抜きにされた一人である。片っ端から、読みまくった。

最も感激したのは、『人性記』であった。「日本インテリゲンチャ一千名の懺悔録」の副題通り、実在の男女が性の告白をしている。「初めて性交欲を感じた年齢・季候・場所・時間・先方の年齢・職業等をお知らせ下さい」というアンケートに答えたものだが、創作でないため実にリアルで明け透けであった。

高橋は回答を分類し、解析し、論評する。まじめなのである。問いは種々の事柄に及ぶ。（自慰の経験は？　誰に教えられたか？　初体験は？　その感想等）

告白する。筆者は『人性記』で性を学んだ。いや、高橋の著作によって教えられたといってよい。筆者だけではあるまい。この当時の青少年のほとんどが、高橋の本の世話になったのではあるまいか。本を販売していた者の実感である。学校では教えてくれない、親に聞けない性のあれこれを、真摯に、わかりやすく、例を挙げて説いてくれた。

おかげで間違いを犯さずに、生きてこれた。ひとえに高橋鐵のペンの賜物である。いかなる人であるか。

不思議なことにあれだけ人の性を探り研究し、性の相談に応じていながら、自分の性はおろか、生い立ちを語っていない。一九七一（昭和四十六）年、六十三歳で亡くなる前、「或る阿呆の人性《ゆまにて》」なる自伝をつづっているが、二十二歳童貞を失うところで未完に終わっている。本当の自分を語りたくない。このコンプレックスが、高橋鐵の文業の源かも知れない。だから人に恥ずかしい告白を強いたのだ。

フロイドの精神分析学を学んでいた高橋は、小説を書き出す。一九三七年、「オール讀物」に発表した「怪船人魚号」が第一作である。「『北濠の海底には大森林があるさうですな』スエズ運河の真赤な月を浴びながら疾駆している小汽船——その甲板で、ゲルハルト・コッホ教授が運転士《メイト》に訊《き》いた」。

こんな書き出しの、美少女と人工人魚の奇怪な物語。ユニークな題材で注目され、次々に同誌に短篇を掲載する。それらは『世界神秘郷』と『南方夢幻郷』の二冊に収められ、一九四一、四二年に発行された。どちらも稀覯本である。特高に睨《にら》まれ、小説の筆を折る。

高橋は大槻憲二・金子準二らと共著で、『阿部定の精神分析的診断』を出している。太宰治が仄《ほのめ》かしているように、この事件は大衆に人気で、そこにはファッショ機運への反抗があった。高橋は『阿部定公判記録』も限定で活字化している。ちなみにオサダは公判で「オチンチン」と言っている。公判記録には「陰部」「陰茎」「下腹部」の語も見える。

艶本出版王の別の顔

珍記事収集　民衆意識を探る

閑人《ひまじん》の考えることはどうでもよいことばかりで、わが国の書物で一番厚い本は何だろう？　そう思ったら、居ても立ってもいられぬ。計測してまわった。京極夏彦著『絡新婦《じょろうぐも》の理《ことわり》』は文庫本で千四百八頁もあり、厚みが五・三センチ。これなどは横綱級であろう。

単行本はどうか。『広辞苑』は二〇一八年普通版が三千二百十六頁、厚さ八センチだった。『読史備要』が二千百五十六頁、厚さ九・五センチである。『新聞記録集成明治大正昭和大事件史』（石田文四郎編、錦正社刊）が二千七十八頁、厚さ十センチである、この三冊より厚冊の本はあるか？

あった。総ページ数二千四頁、ページ数は『広辞苑』より劣るが、厚さは十一・五センチもある。

書名は『近世社会大驚異全史』、一九三一（昭和六）年三月二十日発行、発行所は

白鳳社である。定価は十八円五十銭なり。四年前に、岩波文庫が創刊された。これの定価が星一つ二十銭、厚みで星の数が異なる。

三省堂の『広辞林』が四円八十銭、同じく『コンサイス英和』が二円五十銭、小説の単行本が一円三十銭くらい、月刊誌『キング』や『主婦之友』が五十銭の時代である。ちなみに資生堂の銀座クリーム・化粧水・水白粉・ポマードが、各五十銭だった。十八円五十銭が本の定価としては、いかに高額か知れよう。

もっとも内容が値段にみあうものと言えば、言える。一八六八（明治元）年から、一九一二（大正元）年までの間に起こった、「猟奇的」事件の新聞記事を収録したものである。先に挙げた『新聞記録集成』と同じような内容だが、こちらは政治的大事件は載せず、あくまで「猟奇的」記事のみを拾いだしている。編者の興味が偏っているのである。

たとえば明治五年の項に、「求人広告の最初」が載っている。

「乳母雇入広告」とあり、「乳母雇入度《たく》ニ付心当りの者は呉服橋内元丹波守邸内天野氏へ御尋ね下さるべく候」と。条件はこうある。「尤《もつとも》本乳にして乳さへ宜《よろ》しく候へば給金は世上より高く進ずべし」と。

「明治五年七月十四日発行　東京日日新聞第百三十号」の記事、と出典を明示してい

梅原北明
TES
QUE

る。この記事の「註《ちゅう》」として、「人を求むる広告の最初のものなり」とある。これは編者による注解である。

明治八年、二十九歳の森有礼《ありのり》（のちの文相）は、二十一歳の広瀬常と結婚した。福沢諭吉を証人にわが国初めての契約結婚である。約定書には三条《さんじょう》あって、一条は二人が夫婦になること、二条は「双方存命ニシテ此《この》約条ヲ廃棄セザル間ハ共ニ余念ナク相敬シ相愛シテ夫妻ノ道ヲ守ルコト」「第三条　有礼阿常夫妻ノ共有スベキ品ニ就《つい》テハ双方同意ノ上ナラデハ他人ニ貸借或《あるい》ハ売買ノ約ヲ為サザル事」。違約した時は「相当ノ公裁ヲ願フ事ヲ得ヘシ」。

編者は「共に余念なくはよかつたね。大《おほい》に彼のあまいところを発揮してゐるよ」と冷やかしている。所々にある編者の寸評も魅力である。このような編纂物は、企画者が何を面白がっているか、ひとえに目のつけどころにある。『新聞記録集成』には、森有礼の契約婚は収録されていない。

『近世社会大驚異全史』を出版したのは、梅原北明《ほくめい》（一九〇一―四六年）である。

梅原は性文献と艶本の出版で名を馳《は》せた。一九二七年、佐々木孝丸訳の『ファンニー・ヒル』を伏せ字なしで刊行、発禁処分を受けた。以来、『バルカン・クリイゲ』『エル・クターブ（元始篇）』『ふろッしー（十五歳のヴェナス）』『アナンガランガ（愛人秘戯)』『ウィーンの裸体倶楽部』『イヴォンヌ』等、世界の軟派本を続々出版、すべて発禁。梅原は意地になり、上海に渡って印刷出版した。ついに逮捕され刑に服する羽目になる。

艶本乱発のかたわら、梅原は学生アルバイトを四、五人連れて、上野の帝国図書館に日参した。朝八時に家を出て、夕方四時まで、一日も欠かさず、特別閲覧室に通いつめた。明治初年からの新聞記事に目を通し、面白く読んだ所を学生に書き写させた。彼らに注意したことはただ一つ、一字一句、忠実に原文を写すこと。

最初は「性的奇譚」のみを拾い出していた。半年続けて、原稿枚数が三万枚に達した時、記事を選んで、『明治性的珍聞史』と銘打ち、上下二巻で出版した。しかし、あえなく発禁。これに懲りないところが、梅原北明たるゆえんで、図書館通いと抜き書きはその後もやめず、対象も政治経済社会全般に及び、『明治大正綺談珍聞大集成』『近世社会大驚異全史』『近代世相全史』(全十巻の予定だったが四巻で中断)を世に送りだした。梅原の真骨頂は、艶本で権力に楯突《たてつ》くことでなく、新聞集成による民衆意識の探求ではなかろうか。これだって権力側は恥部を見られていやだろう。

川路聖謨と柳虹

性の話題もおおらかに

「灯を消して二人抱くときわが手もて握るたまくき太く逞《たくま》し」

「握りしめわがほどのへに当てがひて入るればすべてを忘れぬるかな」

読者はどう感じたかわからないが、この歌が発表された一九五一（昭和二十六）年当時は、あまりにエロティックすぎる、と世にセンセーションを巻き起こしたのである。作者が若い女性らしいとのうわさも、拍車を掛けた。

歌集の名は『秘帳』。意味ありげな書名も、好奇心を煽《あお》ったろう。著者の名は、湯浅真沙子。残念ながら素性は不明。歌集が出たのは亡くなったあとの一九五一年（風俗文献社）。

編者の詩人、川路柳虹《かわじりゅうこう》によると、昭和十八、九年頃、門下生の故倉橋弥一が、詩を見てほしいと連れてきた女性という。富山生まれで日本大学芸術科の学生だった。

「二十歳位の小柄な、どこか男性的な強さと、無口でさっぱりしたやうな性格をもつ

川路柳虹
川路龍子

女性であつた印象があるだけ」、その詩は「余り面白くなかつたのでその儘《まま》にして後交渉は杜絶《とだ》えてゐた」。今春、女性の知人の中村という未知の人から、女性は亡くなったこと、作品が残されていたと、「便箋などに記した遺稿」を送ってきた。「はじめ二、三首みたが興味もないので拋《ほう》って置いたが、後何気なく少し先きを読み出してみると途方もないものなのに驚いた」

以上が本書の序文である。

単行本は新書判箱入りで、百七十四頁、定価二百五十円だった。朱枠の一頁に二首ずつ印刷されている。全部で二百四十二首、それに短詩が七編収められている。冒頭の歌だが、一首目は「灯を消して二人」で区切るのではあるまいか。そうしないと意味が通じない。「たまくき」は玉茎である。

二首目の「わがほどのへ」は、「わがほとのへ」が正しい。「たまくき」「ほと」共に性器の古語である。玉茎は平安時代に成った『医心方』に出てくる。

「ほど」は明らかに誤植だが、編者は原稿に従ったらしい。というのは、『秘帳』は五年後、版元を改め（有光書房）、特製三百部の限定で再刊された。内容は全く同じだが、書物研究家、斎藤昌三の跋文《ばつぶん》が付いている。川路の序文も数行加えられた（作者は結婚したが夫は夭死《ようし》、ダンサーをしていたという）。しかし、「ほど」はそのままである。言葉に厳しい詩人が誤用に気づかぬはずがない。

ちなみに川路の作品を一つ読んでみよう。一九一九（大正八）年発行、詩集『はつ恋』より「はつ夏」。「初夏のうれしさ、／ものすべて輝くうれしさ、／草に臥《ふ》し、煙草ふかせば／世は緑、君は若人。」

川路柳虹は口語詩の先駆の一人で、一八八八（明治二十一）年東京に生まれた。曾祖父は日露交渉で活躍した幕臣、川路聖謨《としあきら》である。聖謨は勝海舟と西郷隆盛の会談で江戸開城が決まった翌日、切腹の上ピストル自殺した。

彼は克明な日記を残したことで知られている。奈良奉行時代、江戸の実母あてに連日つづり、一カ月分ずつ送った。『寧府紀事《ねいふきじ》』という。当時の母親と息子は、こんな露骨なことも平気で話していたのだろうか、と疑うほど、下《しも》がかった話題を次々と並べている。たとえば、陰茎をまらと称するいわれを、こんな風に書いている。子どもが尿器をおかわというのは御厠《おかわや》の略なれど、おまるというは大小便をするゆえ、おまるの器ということとなるべし、小便を、まる所を、まるとばかり言い、ラリルレロの転でまらと言うのだろう。木曾では「子供女の陰門をヲヘンショといふ也《なり》御便所ナルベシ。江戸などにてヲメコは則《すなはち》ヲメッチヨのつまりにして御便所の転かとおもふ也。それに引くらべ思へばマラはマリ所の転たること凡《おほよそ》に知るべし」

ある人の説に、陰茎をさか鉾《ほこ》と言うのは、突先に用あるものに上より下に下がっているのは陰茎に限る、それでかく命名したと。小児のチンホコは小さい鉾の意である、うんぬん。「談、猥雑《わいざつ》に及ぶ。いかが」と結んでいる。松茸の季節には、必ず陽物の話が出る。「実に真の陽物の如きもあり不思議といふばかりなるもありて女共大に笑う也」「有ふれた物とはいわじ尼寺に生た松茸それぞ珍物」

聖譚の母は、まらは魔王界の魔羅王からきているのでは、と返事している。この母もただ者ではない。聖譚は夫人とも日記を交換している。交換日記の先駆者である。いや、川路柳虹の話だった。『秘帳』にこんな歌が載っている。「楽屋口川路龍子《りゅうこ》に逢《あ》はんとてひしめく群に吾も交りつ」「プロマイドサインのあとの力づよき龍子のペンの動き眺むる」。川路龍子は実在のＳＫＤ男役スターである。戦後まもない頃、一世を風靡《ふうび》した。

川路柳虹と、川路龍子。もしかしたら柳虹は、自分の号に似た名を歌に見つけて、『秘帳』に興味を抱いたのかも知れない。

奈良奉行と天才少女　大人あしらう才気　一同驚く

奈良奉行・川路聖謨《かわじとしあきら》の家臣、高村俊蔵夫婦の長女お栄は、色白くかわいい四歳だが、常日頃の言動は、十二、三歳のそれである。母のそめが抱き寝していて、夜半に母はシイに行って来ると床を出た。戻ってくると栄は寝ずに待っていたが、「おっかさん、この歌はどう？」とこう言った。「長々シイをひとりかも寝む」。百人一首の、長々し夜をひとりかも寝む、のおのずと洒落になっている。耳で覚えたのであろう。

川路の妻さとが腰元らと呉服商が持参した着物を選んでいると、お栄もいっぱしの評をする。さとが戯れに皆の似合う柄を選んでごらん、そそのかすと、これは誰々に合うと、川路を初めさとやご隠居、腰元ら下女に至るまで選んでみせた。それが柄も年も皆適応する。一同、あっけにとられてしまった。

こんなことがあった。両親のるすに使いが書状を持参した。あいにく女中もいない。お栄が玄関で書状を受け取り、帰り次第に見せますと挨拶した。母が帰宅し、わけを聞き、間違いがあったら事だから二度と取次をしてはならぬ、と大いに叱った。そこへ先ほどの使いが、やはり心配だったのだろう、戻ってきて、お子様に預けたが受け取られしや、と確かめた。母が返事をするのを聞き、おっかさん、あの通り、気をもむには及ばない、と不平を鳴らしたので、また怒られた。

俊蔵が京みやげに玩具の三味線を買ってきた。栄はいたく喜び、手から離さない。指で叩《たた》く真似をしているので、母が三味線はこうして横に抱えてひくのだよ、と教えると、おとなしく手をつき、おっかさん、鳴物停止《なりものちょうじ》中でも苦しからずや、と聞いた。一橋殿逝去につき音楽禁止の触れが出ていたのである。両親は頭をかいた。

「少女の怜悧《れいり》驚くこと多し」と川路は日記『寧府紀事《ねいふ》』に記している。「此《この》ごろはいろ〳〵口をき、ならひて腹をか、えること多し」

「誰か教けん松茸の大成を持股《もち》へはさみ何の因果でかくありけんといひあるく也《なり》みなみな絶倒」。絶倒は川路の口癖で大笑いである。

厩《うまや》より帰りて話すには、おとっつあんの陽物を折々見るが、死んでいるみたい、馬の陽物は生きて動く、不思議だな。

若侍の誠一に、誠さんのちんこはおとっつあんほどある。子どもには不思議なり、と言った。「誠一顔朱の如《ごと》くになりしと」

川路聖謨

男になりたがり、湯を使う時、前を見て大いに喜び、私にも遠からずちんこの生えることでしょう。「いささか芽をふきたりとて母にみするなどは四才の小児のこゝろなるべし」

川路がお栄をからかった。お前の母は父に抱かれて寝るのを知っているか。お栄は笑いながら、それはマアよろしゅうございますが、殿様のおつむりにけしからぬ御フケが見えます、とまぎらした。「其《その》才気に一同おどろく」

川路がお栄に菓子を差し出すと、歯が痛むとて食わぬ。「そんなに歯が痛いなら、私の妻だ。じじには歯の痛むばばが相応だ」と言うと、「これはこれは、まことのははなるべし」と笑った。ははは の横に、歯と書いている。「六才の児のとり廻《まは》しにあらず」

お栄が六歳になった時のエピソードだが、川路は自分のその年齢の頃を、ゆくりなくも思いだしたらしい。

父が浪人だったある日、引っ越しをした。翌日、父に連れられて近所に買物に出た。品を探して店を三軒回った。買物がすむと、商品を持って先に帰れ、と父が命じた。いくつか横丁を折れているうちに、迷子になった。

途方に暮れて泣いていると、親切な人が通りかかって、坊やの父の名を教えよ、と言う。答えたが、昨日越してきたばかりだから誰も知らない。地主の名も問われたが、父に聞いていない。坊の知っている人の名を挙げよ、と言われて、以前、父を訪ねてきた同心の柄本政右衛門の名を思いだした。柄本のツカは刀の柄だ、と説明するのを耳にとどめていたのである。お蔭《かげ》で無事帰宅できた。しかし同じ六歳でもお栄に比べると、月と何とかだ。

川路の家臣の多くが、奈良に赴任して子を持った。「ならにて出来たる児ども皆よし。閑暇にて入念あかるき所の細工なるべし」

順右衛門のせがれは三歳だが、本が大好きで、絵のある本は、さとや女たちに絵ときをせがむ。わからないことは何度も問う。「この勢にて成長せばよかるべし。されど共幼年のときのこと更にあてにならぬ也」

そういえば、お栄はどうなったか？　川路は奈良奉行を六年務めて、大坂町奉行に転ずる。更に勘定奉行に栄転し、江戸に戻る。ロシア使節応接役となり、多忙をきわめる。川路の日記よりお栄の消息は消え、十二年後の日記に一行、「俊蔵娘土屋賢也妻ゑい来る」。

川路聖謨の妻さと　江戸一の美人 歌にも秀でる

江戸時代、「七富《しちふ》の祝い」なる習俗があった。生まれ年の干支《えと》により、七年間幸運が続くというもので、これを有卦《うけ》に入《い》ると言う。「ふ」の字を七つ入れた和歌を詠み、酒で興じる。奈良奉行の川路聖謨《かわじとしあきら》が有卦の年回りになり、七富の歌を作った。

「ふた親とふたたび富士のふもと地をふみこえて今かへるふるさと」

指を折って数えていた妻のさとが、この歌は一つフが足りませぬ、と指摘した。いささか酔っていた聖謨が、五臓六腑というからは七富は一つ過ぎている、いやいやまだある、ふぬけやろうの歌だもの、と笑った。有卦に入るは、調子に乗るという意味も持つ。おさとがお舌の柔らかいこと、と笑う。

彼女も七富の歌を詠んだ。「ふる雪にふりずふりせずふか緑ふかき松かな富士の麓に」

聖謨が詠み改めた。

「ふるさとへ帰らむ文の筆とれど心ふふめる文箱ふみ筒」

この夫婦は、日頃掛合いのように歌を交わしている。衣類の乱れ箱のふたに、蔦《つた》や楓《かえで》のもみじが散り敷かれ、さとの色紙が置かれていた。「君なれば仇《あだ》にやは見じ露霜の心つくしして染めしもみじ葉」。聖謨の返歌。「わが妹《いも》が心つくしのもみじ葉を衣にすりて朝夕に見む」―「仇に散るもみじも君が言の葉にあや面白き色を添へけり」

川路の和歌の師は、実はさと（高子と号した）なのである。

聖謨は四度結婚した。四人目の妻がさとであった。幕府大工頭の次女で、広島藩江戸屋敷の奥勤め中、縁あって聖謨と結ばれた。さとは三十五歳、初婚だった。

当時聖謨は勘定吟味役で、川路家には病気の実母と養父母、母の異なる子が四人いた。嫁入って三日後に、夫は急な出張で木曾に旅立った。さとはいきなり親の看病と介護、十三歳を頭の子の面倒、川路家の家政などを一手に見ることになった。夫の不在は三カ月に及んだ。彼女は十全にそつなくこなした。

夫妻が互いの日記を交換するようになったのは、聖謨の単身赴任が多く、さとが留守宅の様子を報告する必要からだった。彼女の日記は市中の物価や流行などが記されていたらしく、これらはのち佐渡や奈良奉行を務めた夫の民政上の参考になった。

さとは川路の家族はもとより、家来や雇人たちに好かれた。奥勤め二十年のキャリアは、だてではない。使われる者の悲哀や痛みは、身にしみていた。

さとの自伝『ね覚《ざめ》のすさび』に、こうある（読みやすく漢字を補った）。「おのれ年若く宮仕の初めよりかく老ゆくまで、幾百たりの人とて交じらひ睦みしかど、その人々と一度も睦み誤まちし事なし。我愚か心におよそ人と交じらひは、人あしきは我あしきと思ひ定めてよく行ふ……」。人が悪いのは自分が悪いのである、と。この心掛けなら悶着が起こるわけがない。

「何事も忍ぶといふを守りと思ひて年月過ししが……」と言う。

さとは、すこぶる美人であった。四十九歳の時、盛装した娘を見た実母が、京人形のようだと感激した。いくらなんでも京人形は過賞なり親はありがたいもの、と聖謨日記にあるが、満更でもない筆致である。

長崎でロシア使節プチャーチンと、日露通好条約交渉に臨んだ聖謨は、捗《はかど》らない話し合いに笑いながら、わが妻は江戸で一、二を争う美人である、るすに鼠《ねずみ》に引かれてはこまる、早く決着をつけて帰りたい、と冗談を言った。これを潮に場がなごみ、折衝が進んだ。妻が江戸一のうわさは長崎中に広まった。

さとは美人のみでなく気丈な女性だった。夏の宵、庭に白く光る物が見える、と夫に教えた。教えるやいなや、ただちに庭に下りて、光る物の元に走って確かめた。近

プチャーチン

寄ると光は消え、何か正体はわからなかった。またある夜、築山の蔭で怪しい声がする。さとが足音を忍ばせて行くと、小犬のような物が木の間から出て、さとの首を飛び越して逃げた。奈良奉行所に古くから棲《す》む狐か貂《てん》だったらしい。

江戸から奈良に夫と共に赴任する時、箱根の関所を越えた。女は髪をといて調べられる。その際、改役《あらためやく》に銭二百文をそっと渡す。いわゆる袖の下である。さとを改めようとした女は、ひと目見るなり、髪に手もかけず、どころかその場に平伏した。威厳に打たれたのである。

「慶応四辰三月十五日午の上刻我背の君死去ましましぬ」

さとの『上総日記』冒頭文である。江戸開城の翌日、病床にあった聖謨は看護のさとに用を言いつけて遠ざけたあと、古式に則《のつと》り切腹の上ピストル自殺した。「兼ての御覚悟勇猛にしてよく御心おさめ給《たま》ひいとも静なる御臨終なり誠に凡人におはさすと……」

さとが指揮して葬儀を出した。時節柄、会葬者十数人の密葬である。さとは明治十七（一八八四）年八十歳で亡くなった。

発禁本と時勢の変化　権力者は加虐被虐を嫌う

大正十五（一九二六）年十一月、日本文化を一変させる出来事があった。改造社が『現代日本文学全集』全三十八巻の予約出版を広告したのである。一冊が約三百頁、単行本五、六冊分が収録されて、定価は何と一円。コンサイス英和辞典が二円五十銭の時代である。

申し込み金一円が必要であった（この一円は最終配本代に当てる）。三十五万人の予約が殺到した。十二月に『尾崎紅葉集』が配本された。驚異の成果に他社が『世界文学全集』『近代劇全集』『明治大正文学全集』等種々の全集企画で追従した。いずれも一冊一円。中には五百頁余のもの、全八十巻という壮大な叢書もあった。改造社の全集も最終的に六十三巻となった。これらは「円本」といわれた。

文学が家庭で気軽に読まれる端緒になった。円本の発想者は、改造社社長の山本実《さね》彦《ひこ》であった。起死回生の策である。収録作家と作品の選定をしたのは木村毅《き》と柳田泉だった。二人は吉野作造主宰の「明治文化研究会」の同人である(木村はのち三代目会長となる)。

改造社は勢いづいた。その頃、木村毅は「新橋の待合の女中をしていると云う女性」から「一堆《いったい》の原稿」を預かった。読んでみると、存外面白い。信用する二、三の批評家や作家に目を通してもらうと、皆感心する。そこで改造社に紹介した。話はスムーズに運んで、昭和三(一九二八)年四月、無事に出版された。

書名は『男』、著者は林礼子である。ところが発売直後に、出版法第十九条の「風俗ヲ壊乱スルモノ」と認められ押収されてしまった。要するに内容がワイセツであると判断された。

「作者はそれを悲しんで、この書の発売にいろ〳〵骨を折り、私たちも又助力したのだが、それらの努力はみんな空しく終つた」

戦後まもなく木村は、白鯨社という出版社の企画編集顧問に迎えられた。「円本」の輝かしい業績がある。新潮社の『世界文学全集』も然《しか》り、『逍遥選集』や『幕末明治新聞全集』なども企画した。

木村は林礼子を思いだした。時代は変わった。二十数年前のワイセツは、今は笑い話でしかない。『男』は一女性の性の遍歴をつづったものであった。小説のようにま

木村毅

とめているが、木村は自伝とみていた。

林礼子を探した。「実は生地も、本名さえも知らない」「機会があつたら、この作にもう一度日の目を見せてくれと、度々私に頼んでいた作者が、何年か、ぱつたり姿を消してしまつた」。戦争のどさくさもあった。消息が知れない。

やむを得ない。本にしよう。出版を知って連絡をくれるかも知れない。どうせなら完全な本を出したかった。改造社の初版には伏せ字があった。作者に削除部分を埋めてもらいたかった。

以上のいきさつを記していると、書物研究家の齋藤昌三から連絡があった。齋藤とは昭和八年に『西洋文学翻訳年表』を共著で出している。古い友人である。『男』の初版を所持していた。しかも伏せ字部分を原稿によって書き入れてある、という。齋藤は発禁本収集家としても著名であった。『現代筆禍文献大年表』という労作がある。

かくて昭和二十三年十二月、木村荘八の装幀で林礼子著『男』が出版された。

反響は、どうであったか。原文通りの「完全版」というわけだが、やはり時勢が変化したせいで、読書人に衝撃を与えることはなかったようだ。エロというなら、もっとムキダシの刺激的な読み物や絵がふんだんに出回っていた。

木村は触れていないが、『男』は二度、発禁処分を受けている。改造社版から二年後、タイトルを変えて万里閣書房より出版されている。『火焔を蹴る』といい、著者名が林禮子。大筋は変わらないが、文章が異なる。『男』よりも洗練されている。書き出しを比べてみる。

「毒薬をのんだあの晩の事を、今日のやうな日私はきつと思ひ出す。そして自分が今こゝに生きてゐるといふことも奇蹟に思ふ」

『男』はこうだ。「丁度、自分で自分の体をどこかのはきだめへでも棄てゝしまひたく思つてた時だつた。幸か不幸かあの男と知り合つてしまつたんだ」

『火焔を蹴る』は昭和五年五月二十八日発行、六月二日再版、六月七日三版を重ねたところで発禁になった。本書の二百八頁に「以下削除」とある。この部分が『男』で復原されている。約五頁分である。

芸者置屋のあるじが主人公を折檻する。笞《むち》で打つ。苦しみながら、「私は次第々々に、不思議な快感を強く感じだした。それは魂をゆるがすやうな言語に絶した歓びであつた」。このマゾヒズムが当局の忌諱《きい》に触れたようだ。権力者は何より加虐被虐を嫌う。自分を見る思いがするからだろう。林礼子から反応はなかった。

多才な作家木村毅

旺盛な好奇心　軍隊生活描く

東京大学第一期法科の首席卒業生は鳩山和夫で、二番が小村寿太郎、三番が菊池武夫、四番が斎藤修一郎だった。四人はアメリカ留学を命じられ、鳩山はイギリス法律の判決例を徹底して読んだ。学び終わると探偵小説を「ほとんど何千とよんだ」。

斎藤は勉強のかたわら、江戸後期の為永春水の忠臣蔵小説を英訳し、一八八〇（明治十三）年ニューヨークのパットナム社から出版した。これを読み、日本人の義に厚い国民性に感動した二十三歳の青年がいた。彼は日本びいきになり、教師を雇って柔道を学んだ。のちの第二十六代大統領ルーズベルトである。任期中に日露戦争が起こり、彼が講和を仲介した。日本に有利な条件を計らってくれたので、感激した全権大使の小村寿太郎が御礼に伺った。自分を日本びいきにしたのはこの本だ、と前記の小説を見せた。それは同級生の著書だと教えると、いたく喜んだ。ルーズベルトは講和仲介の功でアメリカ人初のノーベル平和賞を受賞した。

木村毅

話は変わる。一八九一年ロシアのニコライ皇太子が甥《おい》のギリシャ親王と共に来日した。ニコライは滋賀県大津で暴漢に襲われ大ケガを負う。いわゆる大津事件である。その時甥の親王が、京都で求めた竹の杖で暴漢を一撃した。竹が珍しくて購入したのだが、はからずも役に立ち、大事に至らなくてすんだ。親王は湊川神社に参られ、楠木正成の事蹟に感動、桜井駅の別れの絵をみやげに買われた。

一八九六年第一回アテネオリンピックが行われた。大津事件の五年後である。親王は大会の審判長を務めた。マラソンの優勝者はギリシャのルイスだった。ルイスがスタジアムに勇姿を現わした時、親王は喜びの余り彼と並走した。

以上のエピソードは前半は『多羅《たら》の芽法談《き》』、後半は『日本スポーツ文化史』から紹介した。両書の著者は、木村毅である。

木村の肩書は小説家・評論家・文芸史家とあるが、とてもこれだけでは括《くく》れない。活動の範囲が実に幅広い。社会運動家の安部磯雄《あべいそお》と「日本フェビアン協会」を創設し、また賀川豊彦校長の農民学校を建設している。日本労農党結成時の教育部長と出版部長かと思えば、吉野作造の明治文化研究会同人であり、のち三代目会長に就任した。明治文学研究のパイオニアであり、出版企画の名立案者である。東西文化考証の第一人者であり、天草版『倭漢朗詠集《わかん》』の発見者である。

戦後は東京都参与にもなった。東京オリンピックの招致者は、戦前は永田秀次郎市長だが、一九六四（昭和三十九）年のそれは安井誠一郎都知事である。一九四九年元旦の「英文毎日」紙に寄せた挨拶の中で、東京大会招致の準備があることを述べている。食糧事情の悪い時だったので、一般には伏せていた。そのことを木村が前記『日本スポーツ文化史』で証言している。ガセネタではない。安井知事の挨拶文を書いたのは、木村参与だからだ。

木村は一八九四年、岡山県に生まれた。高等小学を終えると講義録で独学、早稲田中学卒業検定試験に合格し、早大予科に入学した。二年間、鳥取と朝鮮に新設された師団で軍隊生活を送った。復学し、一九一七（大正六）年早大英文科を卒業した。すぐに百三十枚の小説「兎《ウサギ》と妓生《キーセン》と」を書きあげた。十代から「文章世界」に投稿していたが、この作品は自信作であった。四、五の出版社に持ち込んだが、いい返事はない。そのため自分の文才に見切りをつけた。ところが六年たった一九二三年、突然「大阪毎日新聞」から声がかかり、夕刊に「自信作」の連載が決まった。

これで発奮した木村は、猛然と再び創作の道に進んだ。一九二五年七月、第一創作集『兎と妓生と』が新詩壇社から出版された。

どんな小説か、読んでみる。二十一、二歳で体験した朝鮮での軍隊生活に材を取っている。主人公の森は、年齢といい学歴といい、作者の分身だろう。軍事演習で卒倒した森は、本部付属の衛戍《えいじゅ》病院に入院させられる。二カ月ほどで回復、病院内の散策が許される。

外科病棟に田村という親しいラッパ手が入院していた。彼も回復期で、ある日、目の保養をさせてやる、と森はひそかに裏庭に連れだされる。病院の隣は妓楼《ぎろう》であった。生垣ひと重を隔てて、十五、六人の日本女性が生活していた。声をかけると、三、四人が生垣に駆け寄ってきた。彼女らも人恋しさにかられ、若者との会話に飢えている。その中に知的な風貌の、毅然とした朝鮮の娘がいた。

つまりは森とその娘との兎を介した淡い交流を描いた小説だが、書物を大切にしない日本軍将校を罵倒する場面もあり、大正時代はまだ軍部批判は緩かったのだ、と考えさせられる。書物への愛着は、これはもう木村毅らしい。旺盛な好奇心も。

兵営から逃げた男たち

愛児を思い自首を決める

作家・木村毅の第一著作集『兎と妓生と』（大正十四＝一九二五年刊）に、「償勤兵」と題する短篇が収められている。この小説は作者が二十四歳の年に書かれた。徴兵検査で甲種合格し、二カ年の軍隊生活を送った。その体験を基にした。従って小説の出来事は、大正二、三年頃とおぼしい。

兵営での初年兵は、まず例外なく上級兵のいじめにあう。そして厳しい規律。国の父が面会に来た時、冗談半分に、耐えられないから脱営を考えている、とぐちった。とたんに父が持っていた茶碗を落した。ふるえながら、世間に顔向けできないから、脱営だけはやめてくれ、辛抱しろと哀願した。兵営の苦痛を誇張したまでだった。肉親に甘えたのである。

時山竹太郎という上等兵がいた。志願兵ではないのに、他の古兵に比べ大分老けている。古兵たちに「お爺《じい》」と言われ、たまに蔭で「ショーキン」と呼ばれていた。彼だけは初年兵に優しく、理不尽に怒らない。規則は正直に守る。古兵たちも敬遠気味に、彼に対している。

ある日、時山が日直で「私」への郵便を持参した。父の手紙である。お前の父はA村から養子に行った人か、と聞く。うなずくと、自分もA村の生まれだ、と言い、お前の父の生家と隣同士だった、と意外な話である。

「私」はA村の様子を知っている。時山姓のうわさは聞かない。時山は暗い顔をして、俺の家は皆死に絶えた。俺だけ残って他国へ出たので、家は朽ちて壊され影も形も無いだろう、と語った。そういえば数年前A村を訪れた時、隣の畑の麦が勢いよく伸びていた。屋敷跡だから麦がよく育つのだ、と教えられた。

故郷には一度も帰られぬのですか、と問うと、帰れぬわけがあると言いかけて口を閉じた。

ひょんなことで時山のあだ名の由来を知った。ショーキンの意味である。懲罰令の講義で教官はこう述べた。「軍隊で脱営すれば、三週間以内に帰営するなら営倉で済むが、それ以上になれば営倉では済まない。即ち営倉以上の所罰と言ふのは禁錮で、かうなれば姫路の衛戍《えいじゅ》監獄まで送られるのである」

三カ月禁錮の刑なら、刑を務めたあと帰隊して、三カ月余分に在隊しなければなら

里村欣三

ぬ。この間を称して償勤兵という。

時山は外出して帰営時間に遅れ、叱責されるのが恐くて逃げた。うどん店の出前持ちになり、まじめに働いて主人に認められ、娘の婿に迎えられた。何事もなく八年たち、子どもが生まれた。あと二年で脱営の時効だが、子の出生届を出すには、自分の籍を養家の方に入れねばならぬ。当然、身元がバレる。しかし、子どもを日陰者にしたくない。時山は自首した。

物語は「償勤」日限を満了した時山が、「私」に別れを告げて除隊する場面で終わる。

長々と紹介した理由がある。この時山と全く同じ運命を辿《たど》った作家がいるのだ。もしかしたら木村はその人をモデルにしたのでは……。

作家の名は、里村欣三《さとむらきんぞう》。本名を前川二享《にきょう》といい岡山県の生まれ、大正十一年、姫路歩兵第十連隊に入営、三カ月後、脱営し海際に靴と軍服を置き投身を装い、姿をくらました。満州（現・中国東北部）に渡ったというが、よくわからない（本人は真相を明かさなかった）。

里村欣三の名で雑誌「文芸戦線」に作品を発表するのは大正十三年で、二年後、満州での体験を描いた短篇「苦力頭《クーリーがしら》の表情」で認められた。作家の平林たい子の仲立《なかだち》で結婚した。里村は大正大震災（関東大震災）で戸籍を喪失したと平林に語った。子が生まれ、子が学齢に達した昭和九（一九三四）年、愛児を学校に通わせたくて自首した。判決は「戸籍の無い者を処罰することはできない」とのことで、十連隊で「償勤兵」の軍務を課せられた。三十二歳の時である。

してみれば時山竹太郎が里村？　いやいや年代が違う。里村は時山や「私」よりずっと若い。「償勤兵」は未来の事件を先取りして描いている。

平林の『自伝的交友録』によれば、里村は絶対に写真を写さなかった。電車で軍隊の同期生に声をかけられた時は観念し、「訴えてもいい。ほうびが出るぞ」とささやいた。相手が「そんな男に見えるか」と色をなしたという。

里村の第一著作集『苦力頭の表情』は、昭和二年十月三十日、「文壇新人叢書」の第十巻として春陽堂から出版された。この初版は幻といってよいほど見つからない。十六×十一センチで現行文庫版よりやや大きく、百六十八頁、表題の他八篇収録されている。

「ふと、目と目がカチ合つた。――はツと思ふ隙もなく、女は白い歯をみせて、にこり笑つた」とこれが『苦力頭の表情』の書き出し。一個の饅頭《まんじゆう》を得るために、必死で日雇い労働に励む「俺」。ようやく異国の親方に受け入れられる。労働に国境はない。

軍と歩いた作家里村欣三

戦争絵本手がけ比島に死す

作家・里村欣三は軍隊を脱走し、自殺を装い、仮りの名を名乗って生きた。子どもが生まれ、育つにつれ、戸籍無しではいられなくなった。愛児を学校に通わせられない。自首した。

「戸籍の無い者は処罰できない」の判決を得、数カ月の兵役を務めた。昭和十二（一九三七）年七月、日中戦争が勃発、里村は徴兵され中国各地を転戦した。

そのあと二度、陸軍報道班員として徴用され、マレーやフィリピン戦線に赴き、昭和二十年、フィリピンで戦死した。四十二年の生涯だった。

里村欣三の全著書を、発行順に掲げる。『聖哲の懺悔《ざんげ》』（中西伊之助、小島徳弥、秋山義雄、大坪草二郎と共著。中西がルソーとトルストイを書き、里村はロシアの作家「ゴオルキイ」を紹介している）『名僧の人生観』（小島、大坪と共著。里村は「一休」「白隠」を執

里村欣三の著作より

筆）『近代人の人生観』（中西、大坪、小泉幸太郎、萩原新生と共著。里村は「漱石」と「一葉」をとりあげている）

以上の三冊はいずれも「人生哲学研究会編」で越山堂が大正十四（一九二五）年に発行している。そして昭和二年、第一小説集『苦力頭《クーリーがしら》の表情』で文学界デビューとなる。昭和五年『兵乱』（プロレタリア前衛小説戯曲新選集）塩川書房刊。

このあと自首、裁判、兵役義務を果たしたのち徴兵され出征、無事帰還とめまぐるしい日々を送る。

昭和十五年、書き下ろし長篇『第二の人生』を河出書房より出版し、同書で初めて自分が「徴兵忌避者」であることを公表した。脱走兵とは言っていない。事実はどちらなのか、いまだに謎である。

『第二の人生』は同年、続篇「黄河作戦」が、翌年第三部「徐州戦」が出た。三部作は書下ろしで、いずれも河出書房の発行である。次に「帰還作家・純文学叢書」の第十一巻として『兵の道』が六芸社より出た。

昭和十六年十二月八日、日本は米英に宣戦を布告した。この日、日本軍はマレー半島に上陸した。そのマレーに向かう輸送船に、里村は作家の井伏鱒二や海音寺潮五郎らと陸軍報道班員として乗船していた。宣戦布告の二日後、マレー沖海戦で日本軍はイギリスの戦艦二隻を撃沈している。グアム島を占領した。

同年、三省堂刊『祖国のために』に、里村は「英魂記」を掲載している。同書には他に火野葦平、棟田博、日比野士朗らが執筆している。昭和十七年には『支那の神鳴』『光の方へ』『熱風』の三冊を出版している。

昭和十八年は『河の民』『静かなる敵前』（栗原信・画）の他に、『マライの土』と『マライの戦ひ』の二冊の共著がある。前者は井伏と海音寺の編で新紀元社刊、里村は「歴史的会見を見たり」を執筆している。

後者は「大東亜戦争絵巻」で、児童向けの絵本である。里村の著書の中でも、あまり姿を見ない一冊なので、少し詳しく説明する。大判で、「週刊文春」よりやや大きい。多色刷りカバーつきの、当時としては豪華本である。大本営陸軍報道部監修、岡本ノート株式会社出版部刊、売価一円六十銭。三省堂のコンサイス英和辞典の定価が三円の時代だから、きわめて高価である。裕福な子弟しか手に取ることがなかったろう。

画家は向井潤吉、宮本三郎、栗原信の三人、見開き一ページに、「コタバル敵前上陸」「マラッカ海を進む」など、全部で十一図描いている。絵の次のページに里村が文章を記している。「工兵隊のはたらき」を読んでみる。「工兵隊は毎日毎日、敵がこはして行つた橋をかけたり　なほしたりして、みかたの軍隊や戦車や自動車などをどんどん前へわたします（略）マライ半島の戦争中に　敵がこはしてしまつた橋と鉄橋のかずは二百五十ばかりでした。それを　わが工兵隊は、たつた五十五日のあいだに、ぜんぶ　りつぱに　かけなほしてしまひました（略）」

文章から推測すると小学高学年向けか。

昭和十九年は『ボルネオ物語』のみ。この年の暮れ、里村は再度、報道班員に徴集される。今度の行く先はフィリピンである。里村は今日出海と羽田から立った。今は作家、今東光の弟で、戦後二十三回上期直木賞を『天皇の帽子』で受賞した。文化庁長官も務めた。里村とは二、三度会っただけの仲だった。もともと里村は無口な男であった。

羽田で今の妻が挨拶すると、自分は英語ができないので今さんにオンブしますが、他はお任せ下さい、自分は運のいい男で、これまで危ない目にあいながら常に助かっている、自分と一緒にいたら絶対大丈夫、と受けあった。しかし現地で山中を放浪する窮境に陥り、二人は離ればなれとなる。やがて会った仲間から里村の戦死を聞いた。「私は痴呆のやうに我を忘れて、泣き叫んだ」（今日出海『山中放浪　私は比島戦線の浮浪人だつた』）

反戦作家の遺書

親友に託した「軍隊日記」

軍隊を脱走し、自殺を装い戸籍を抹消された里村欣三は、自首するまでの十二年間を、どのような思いで生きたのであろうか。船の釜たきや日雇い、コック、そばの屋台を引いたり、満州（現・中国東北部）に渡ったりしている。人目を避けて社会の片隅に身を寄せていたにしては、文章をつづって雑誌に発表するなどは大胆に過ぎるまいか。そして次第に作品が注目されるようになる。普通は喜ぶべきことだが、本当のところはどうだったのか。

一九二四（大正十三）年創刊の雑誌「文芸戦線」に、里村はルポルタージュを掲載し、やがて同誌の仲間になる。「文芸戦線」には、のちに『渦巻ける烏《からす》の群』『武装せる市街』を書く反戦作家の黒島伝治がいた。

黒島は一八九八（明治三十一）年生まれ、里村より四歳上である。小学校を卒業後、村の醤油工場に勤めたり漁業に従事した。一九一九年、兵役義務のため入営した。

入営先は姫路歩兵第十連隊である。三年あとに里村が入営した部隊である。数年後、二人は「文芸戦線」同人として活動する。両者は仲が良くなかった、という説がある。具体的な事実は語られていないが、おそらく里村が黒島との接触を極力避けていたものと思う。連隊の話になれば、どこかでボロが出る。里村にとって黒島は鬼門に違いない。

更に、黒島を「文芸戦線」に紹介した壺井繁治《つぼいしげじ》の存在がある。壺井は黒島の幼なじみであり、黒島が入営して翌年、同じ姫路連隊に入っている。壺井は一九二六年の「文芸戦線」一月号に、「頭の中の兵士」という詩を発表する。「俺の頭の中には、軍隊を脱走した一人の兵士が隠れている。兵士は俺の頭の中で絶えず笑っている」という詩である。

里村を意識して作ったのではあるまい。しかし、これを読んだ里村は穏やかではなかったろう。この号には黒島も短篇「銅貨二銭」を発表している。葉山嘉樹の代表作「セメント樽の中の手紙」も同号である。六月号に里村は「苦力頭《クーリーがしら》の表情」を掲載し、好評を博し、葉山、林房雄と共に正式に「戦線」同人に迎えられた。

十一月に黒島も同人になった。彼はこの頃、夫婦で壺井宅に寄宿していた。壺井夫人はのちの『二十四の瞳』の作家・栄《さかえ》で、小豆島郵便局員だった栄は十七、八歳の黒

黒島伝治

島をよく知っている。恋人同士とうわさされたこともあるが、事実は一歳下の栄が黒島の恋の取り持ち役を買って出たのである。

夫が治安維持法違反で検挙された頃、栄は新宿で黒島と出会った。「私の知っている黒島さんはいつも肺病だった。そのせいかいつも小さな低い声でものをいい、どんなにおかしくても声を立てずに笑う人だった」（壺井栄「半世紀も昔の話」）

茶を飲もう、と栄を中村屋に誘った。馴れないらしく、おちつかない。注文とりの少年店員に「カシ」と命じた。少年が聞き返す。「カシだよ、わからんか？」やっと通じた。

ところが少年の運んできたものは箸《はし》だった。栄は卓につっぷして笑った。黒島も苦笑し、立って飾り棚のケーキを指さした。

一九三三（昭和八）年、病気が進み、小豆島に帰って療養に努めた。一九四三年死去。四十五歳。

一九五三年、『武装せる市街』が青木文庫で出版された。一九三〇年の初版は発売禁止処分を受け、この書下ろし長篇は陽の目を見ないでいたのである。さらに一九五五年一月、黒島伝治遺稿と銘打ち、壺井繁治編で『軍隊日記』が発行された。理論社刊。二百頁。新書判の本書は、古書価は安いが、いざ探すと案外見つからない。安いので粗略に扱われたのである。黒島に限らず作家の軍隊日記は少ない。検閲があるし、詳細は書けない。内密の事柄に触れられない。

黒島も差しさわりのある感想はローマ字で記した。その部分は壺井が解読している。（もっとも野バンな人間の数にも入らないものすなわち軍人である）（二年兵のバカヤロウ。初年兵を叱るのを手柄のように思っている……）

「大正9年2月29日　昨日一人の逃亡者があったために今日は外出禁止となる（略）去年はある女工と轢死《れきし》した者があるそうだ（略）」

兵営逃亡は少なくなかったようである。こんな記述もある。「一日に入営して、二十二日に死したり、わが隊の一人が」

こんな言葉もある。「摑めない物程貴いものはない。動いているもの程貴いものはない」「一粒の砂の千分の一の大きさは世界の大きさである」

一九二一年四月、黒島はシベリア出兵に動員される。壺井に、死んだら必ずこの日記を世に出してくれ、「僕の一生に於て、現世に残して行く、おくりものは、この一篇だけだ」と遺言した。三十四年後、壺井は約束を果たした。

書込みにそそられて

旧蔵者の率直な批評楽しむ

「書込み本」は古書業界用語だが、普通はいたずら書きと見て傷本扱いである。しかし文豪の書込み本とあらば、話は別である。夏目漱石は蔵書をノート代わりに使った。文豪多しといえども、蔵書に書込まれた文章がすべて全集に収められているのは、漱石しかいない。シェークスピアの『ハムレット』原書に、スレカラシノ大将ナリ、イヤナ奴ナリ、とか、自分ならこう書く、などと、多いときは二十行近く、九十数カ所もページの余白に記している。他にも、ナンダ馬鹿ナ、とか、出来マスとか、さながら著者との問答である。漱石の書込み本が市場に出たなら、本の種類に関係なく目の玉が飛び出るような古書価だろう。ただし旧蔵者が漱石と証明されての話である。確かな裏付けがほしい。これは、むずかしい。

蔵書の書込みで有名な一人に、乃木希典《のぎまれすけ》がいる。乃木も漱石同様、著者と格闘しているような「つぶやき」を書きつけている。

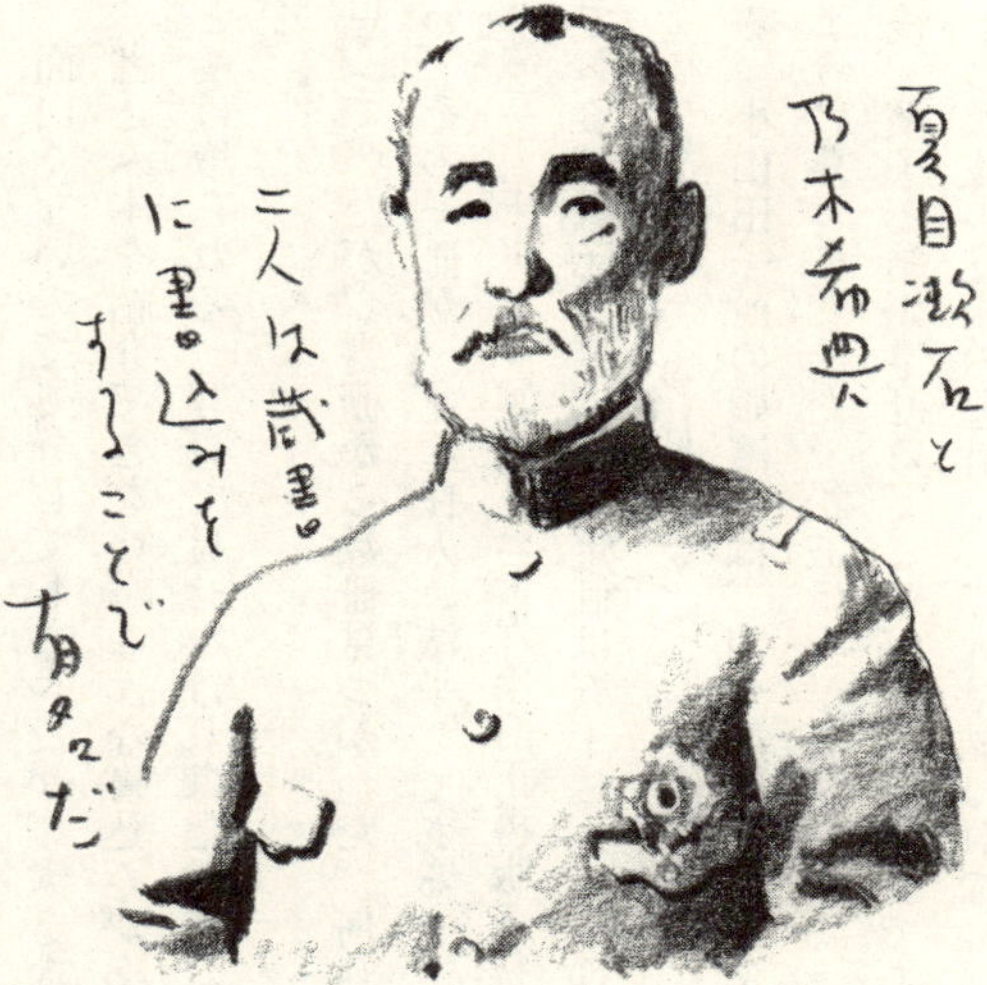
夏目漱石と
乃木希典
することで
有名だ

漱石や乃木の例にそそられて、一時期、書込み本を収集したことがある。そう、百冊ほど集めたろうか。著名人の旧蔵書ではない。一般人のそれで、大半が意味のない落書やメモだった。面白くないので処分してしまったが、大きな理由は筆者が小説家であることだった。書込み本を紹介できない。こんな書込みがあると文字に起こしても、筆者の作り事と受け取られる。写真で見せなければ信用されない。折角の収集品が生きないのである。

全部処分したと思っていたが、書棚から数冊見つかった。何らかの意義を認めて、あえて残したらしい。その一冊が、北星住人『濱子《はまこ》』である。

明治三十五（一九〇二）年十二月発行、三十六年訂正再版発行、手元の本は三十七年六月三十日五版である。版元は金港堂。定価は五十銭。いわゆる明治の家庭小説で、『濱子』はベストセラーになった。芝居にもなった。

物語は単純である。小山田子爵の娘濱子は、同じ邸内に住む父の亡友の遺児、松波謙次郎を実の兄のように慕って育った。松波は大学を卒業すると小山田の援助で留学が決まった。帰国後、濱子と結婚させる。これが小山田の腹であり、当人たちもそのつもりだった。しかし松波の友人の悪計で、二人は結ばれない。帰国した松波は医者となり、濱子の友の玉子と結婚、濱子も男爵家の日向《ひなた》輝男に嫁す。

濱子は胸を患い、鎌倉の海岸で療養する。見舞った松波は、初めて二人きりで由比ヶ浜辺を散歩する。お互いの恋情がどこで食い違ってしまったのか、二人の告白で判然とする。濱子は松波の胸にすがってぐちる。

『謙さんが妾《あたし》を捨てゝ、洋行したでせう。そして三年の間、あなた便りもしておくれではなかつたでせう。妾はどんなに淋しかつたでせう。妾は謙さんを怒らしたりした心算《つもり》ぢやなかつたんですけども、あなたは屹度《きつと》妾を怒つてゐたに違ひないわ（略）あなた本当に妾を怒つて、洋行なぞして来たの。えゝ、謙さん、さうなの、云つて頂戴な。其《それ》でなければ、妾は謙さんに済まないもの。だつて、あなたは其きり妾には物も云つてはおくれでなかつたもの、妾悲しくつて』

濱子は松波の病院で、松波に手を取られ、二十三歳の生涯を終える。

筆者所持の『濱子』には、次のような書込みがある。鉛筆の細字で、どうやら若い女性の手跡である。本文の冒頭に、「小説はどこ迄も小説である　故に読者は作中の人物と自分との間に○○を求めてはならぬのである　只々之《ただただこれ》を読んで得た気分を味へば足りるのである」

○○は不明。こんなメモもある。「謙さんは小山田から話された事もあるにしてはお濱に対する反省が足りない」。また以下の書込みもある。

本文で松波が濱子にこう言うセリフがある。僕は現在は一介の書生に過ぎないが、必ず立派な者になってお目にかけます、と。これに所蔵者はこう記す。「年上の男たるものがかりそめにもこんな口をきくものでない　たゞいたはってやるのが処女に対する礼儀である」

古書の書込みは、発行当時の読者の率直な批評である。

『濱子』の著者、北星住人は、本名を草村松雄《くさむらまつお》といい、本書が第五版を重ねた年に、隆文館という出版社を創業し、大正七（一九一八）年、大学を卒業した木村毅が入社している。木村と草村の関係はわからない。草村は自著『戦塵《せんじん》を避けて　疎開山村日記』（昭和二十一＝一九四六年）によると、明治十二年生まれ、ミッション・スクールの熊本英学校に学び、十八歳で上京、東京専門学校（現・早大）に入った。二十四歳、『濱子』が大ヒットした。

出版業に専念した草村は、『日本大蔵経』全五十一巻他、続々と優良書を世に送りだした。また「建築工芸協会」を設立し、その分野の本を出版、さらに龍吟社を経営、『新聞集成明治編年史』全十五巻を刊行した。

詩集を贈って征った人

「珠玉の歌」に込めた思い

「書込み本」の例を、もう一冊紹介する。

本は西條八十《やそ》の詩集『黄菊《きぎく》の館《やかた》』である。菊判、二百十ページ、昭和十九（一九四四）年一月二十五日第一刷、同盟出版社刊、定価三円五十銭。藤田嗣治《つぐはる》の装幀である。

見返しに万年筆で、「贈〇〇さん」とある。〇〇は苗字《みようじ》で、はっきりと読めるのだが、贈りぬしの名と共に、ここはあえて伏せる。

以下、達筆の崩し字で、次のように記されている。

「大胆の中にも女としてのうるはしさを見せる人、それだけに心のゆるみが無きものと察します。御身体に留意なさつて専心努力なされん事を　私も元気で征きます　敢て生死を喋々《ちようちよう》致しません　〇〇」

贈りぬしの署名は、姓でなく名前と思われる。

文面からこの本は、出征直前に親しい女性に贈られた、と推察される。どのような間柄の女性であろうか。

まず、若い女性に絶大な人気の西條八十の詩集であること。しかし、この『黄菊の館』は各章の扉に、「支那事変詩集」「大東亜戦争詩集」とあるように、勇ましい戦意高揚の詩篇が収められている。女性より、むしろ男性向きの内容である。もっとも「全日本の母に贈るの詩」と題する一篇もある。また後半の四十ページほどは、「珠玉の歌」の章で、未発表の作品を載せている。創作の苦しさを歌った詩で、戦争とは全く関係がない。「あとがき」によれば、「珠玉の歌」とは、「言葉を珠玉として愛する者の歌」の意で、自讃《じさん》のタイトルではない。

詩集を女性に贈った人の真意は、この「珠玉の歌」の章にあるのではないか。つまり、女性は詩を愛し、詩を書いているかたではないか。「大胆の中にも女としてのうるはしさを見せる人」とは、女性の作品を評していまいか。「専心努力」を望む、とは詩境の向上を指しているのではあるまいか。

恋人に書き送った文章とは、思えないのである。

いや、あるいは、思いびとにそれとなく恋慕の情を伝えたのだろうか。日頃親しく交際している仲であろうことは、署名が苗字でなく名前であることでわかる。深い仲

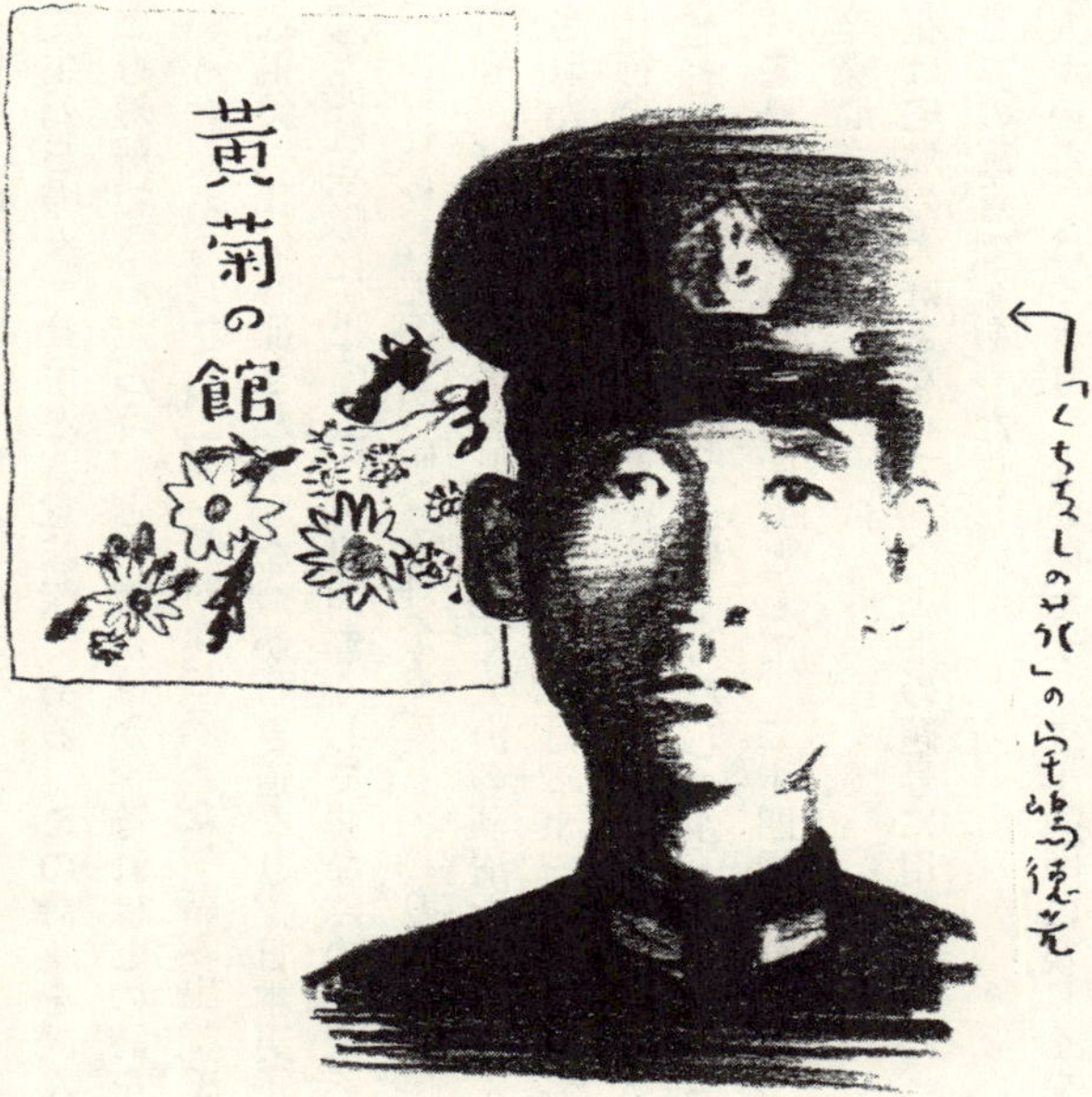
黄菊の館
「くちなしの花」の宅嶋徳光

でないことは、相手を苗字で呼んでいる。

最後の「敢て生死を喋々」せずが、意味深である。この詩集を読んでくれれば、言おうとしたことも理解できるだろう、との謎かけか。それはどの詩を指しているのか。「武士道」という詩がある。「この道に岐路なし／また、踏み出でては回《かへ》るをゆるさず／されど、我祖父、我父も征きたる／なつかしき道なり、日本男子の道なり。」か。それとも、「学徒航空隊に寄す」か。「祖国無くして、なんの学究ぞ、／正義亡びて、なんの哲理ぞ」「われら、学徒の明確なる理念もて、／過《あやま》りなく、醜虜《しうりよ》の頭上に、膺《よう》懲《ちよう》の巨弾を降らせ、／賤奴《せんど》の鉄船をして、悉《ことごと》く大海の藻《も》屑《くづ》たらしめん」か。

本書が発行された前年、すなわち昭和十八年十月二十一日、神宮外苑において第一回学徒出陣の壮行会が行われた。もしや贈りぬしは、その学生の一人ではないのか。

私は昔読んだ宅島（宅嶋）徳光の『遺稿くちなしの花』（大光社、昭和四十二年刊）を思いだした。宅島は海軍飛行予備中尉として、二十四歳で亡くなった。昭和十八年に慶応大学を卒業している。

くちなしの花は宅島の大好きな花で、ノートの題号に用いたのは、口に出して言えない（くちなし）の寓意《ぐうい》でもあったらしい。

宅島には恋人がいた。はっきりしないのだが、二十歳頃に親しく交際するようになったらしい。相手は四歳下で、八重子という。

「吾《わ》が恋し　奥多摩の川辺の　八重桜　色はにほへど　実のならずして」

彼女は多摩川べりの「泰山木の白い花が咲く」家に住んでいた。「君は私を子供のときほどは信頼していないかも知れない」とあるから郷里福岡の幼なじみかも知れない。宅島は出征し、八重子にこんな手紙を書く。

「はっきりいう。俺は君を愛した。そして今も愛している。しかし、俺の頭の中には、今では君よりも大切なものを蔵するに至った。それは、君のように優しい乙女の住む国のことである……」。子どもたちのいじらしさに胸を打たれた。「もしそれが、君に対する愛よりも遥かに強いものというなら、君は怒るだろうか。否々、決して君は怒らないだろう。そして、俺と共に、俺の心を理解してくれるだろう。本当にあのような可愛い子等のためなら、生命も決して惜しくはない」

彼女の懇願を振りきって、宅島は婚約解消を申し入れ、逝った。

私は今『黄菊の館』旧蔵者の、戦後の身空に思いを馳せている。私の手元に届くまでの変転を考えている。

戦友の歌を受け継ぐ
特攻隊員から中学生まで愛唱

山口瞳の第四十八回直木賞受賞作『江分利満氏の優雅な生活』に、次のような一節がある。

「江分利たちは、その頃、大木惇夫の『海原《うなばら》にありて歌へる』という詩集を愛唱した。なかでも『戦友別盃の歌』などはみんな暗記していた。その詩は次の如きものである」

と一篇まるまる紹介されている。前半だけ、写す。

「言ふなかれ、君よ、わかれを、／世の常を、また生き死にを、／海ばらのはるけき果てに／今や、はた何をか言はん、／熱き血を捧ぐる者の／大いなる胸を叩けよ、／満月を盃《はい》にくだきて／暫《しば》し、ただ酔ひて勢へよ……」

江分利は中学生である。『海原にありて歌へる』は、昭和十七（一九四二）年十一月一日に、ジャワ島バタビヤ（現・ジャカルタ）のアジヤ・ラヤ出版部より出版され

大木惇夫
海原にありて歌へる
大東亜戦争詩集
「海原にありて歌へる」

た。むろん日本語の本である。「戦友別盃の歌」他十二篇収められている。

詩集は発売されたとたん、即日完売し、増刷された。しかしこのバタビヤ版は、どのくらい内地でさばかれたものか、はっきりしない。評判は聞いても現物を手にした読者は少ないのではないか。現在、古書で見ることは稀である。

そのため翌十八年四月一日に、北原出版株式会社創立事務所から、改めて出版された。

つまり、この詩集はジャワ「現地版」と「国内版」の二種の初版が存在する。国内版には新しい詩が二篇加えられた。また巻末に著者自身の詳しい解説がある。

江分利が級友たちと愛唱し暗記した詩集は、どちらの版だったろう？

昭和二十七年六月、社団法人・白鷗遺族会編の戦没飛行予備学生の手記『雲ながるる果てに』が刊行された。この本には前回紹介した宅島（宅嶋）徳光の「くちなしの花」の一部も収録されている。

二十年五月十一日に南西諸島で戦死された、神風特別攻撃隊第五筑波隊長、西田高光が五月一日の日記に、「訣別の歌」を記している。「云ふ勿《なか》れ君よ／別れを世の常をまた生き死にを……」

そう、大木惇夫の「戦友別盃の歌」である。

西田の筆記の前半はほぼ大木の原詩通りだが、後半が少し異なる。

原作は、「わが征くはバタビヤの街、／君はよくバンドンを突け、／この夕べ相離《あひさか》るとも／かがやかし南十字を／いつの夜か、また共に見ん、……」だが、西田はこう記す。

「吾等征く沖縄の空／君も亦《また》これに続け／この夕べ相離れまた生死相へだつとも／何時の日にかまた万朶《ばんだ》の桜を共に見ん……」

思うにこの詩は西田たちが、日頃口ずさみ、あるいは合唱していたのではないか。なぜなら、この五月一日の日記には、こう記されているからだ。

「朝より梅雨の如き雨なり、夜ビール十本入手、大いに飲みて歌へば空晴れて星出づ。明日は出撃のことならん。吾今日も生あり、明日の必中にこそ捧げん」

原詩の結びは、「言ふなかれ、君よ、わかれを、／見よ、空と水うつところ／黙々と雲は行き雲はゆけるを。」だが、西田は、こう記す。

「云ふ勿れ君よ／別れを世の常をまた生き死にを／空と水うつところ／悠々として雲は行き／雲は行けるを」

日記の最後。「昭和二十年五月十一日午前九時三〇分前後、皇国の一臣高光、総てのものに感謝しつゝ、別れを告げん。明朝は三時半起し。つきぬ名残りもなしとせざるも明日の必中のために寝る（略）大空に雲は行き雲は流れり／星は永遠に輝き／久遠にきらめく　空　空」

西田高光　大分県出身　大分師範卒　享年二十三。

大木惇夫は本名・軍一、明治二十八（一八九五）年広島に生まれ、北原白秋に師事し、大正十四（一九二五）年詩集『風・光・木の葉』でデビューした。昭和九年、第五詩集『カミツレ之花』以降、筆名の大木篤夫を惇夫に改めた。

昭和五十二年八十二歳で死去。『大木惇夫詩全集』全三巻がある（金園社刊）。

昭和十八年から二十年の三年間に、『海原にありて歌へる』国内版の他に、次の詩集がある（いずれも古書で入手難である）。

『日本の花』（大和書店）昭和十八年十一月刊。著者の八冊目の詩集である。『神々のあけぼの』（大東亜戦争頌詩集）昭和十九年四月、時代社刊。「学徒出陣」と題する詩を収める。五月、詩集『豊旗雲』（鮎書房）刊。この年、第一詩集の『風・光・木の葉』の新版が、明治美術研究所より出ている。

昭和二十年二月、詩集『雲と椰子《やし》』（北原出版社）。これを以て、戦後の活動に移る。

大木惇夫の評伝は、宮田毬栄《まりえ》の労作『忘れられた詩人の伝記　父・大木惇夫の軌跡』（読売文学賞）がお勧めである。

雑誌付録繁盛記

アッと驚く厚さ豪華さ

「まあ、かわいいムーミンのハンディ扇風機。どこで求められました?」「書店で」「あら、ステキねえ、そのショルダーバッグ? どちらで?」「書店で」「その財布」「書店で」

とまあ、こんな会話が交わされても不自然でない、昨今の書店だが、営業品目が変わったのではなく、女性誌の付録の豪華さである。

付録、と言ってよいものかどうか。付録が主であって、本誌が従みたいである。付録のハンドバッグが気にいったので、本誌を買うのである。ならば本誌は必要でなく、付録のみ売ればよいはずだが、それでは売れないのだろうか。付録という名称が売物なのか。

筆者が少年雑誌を購読していた一九五〇年代後半の、たとえば新年号などは、「アッ、と驚くお年玉二十大付録」と表紙にあって、五十ページ前後の別冊付録が七、八冊も付いていて、あとは一枚物。あれ、十九と二十番の「大付録」はどこにあるのだろう？　何のことはない、本誌の末尾に「お正月トンチ問答」「笑い話特集」と黄色紙の二ページがあり、それが付録の二つ。まさか本誌に付録が組み込まれているとは、子どもには思いもよらなかった。当時の少年雑誌付録は、冊子と組み立てが多かった。組み立ては、紙細工の商船や飛行機である。

雑誌の付録は、いつ頃から始まったのだろう？

一九二五（大正十四）年一月創刊号の講談社の娯楽誌「キング」には、すでに「四大付録」がついている。「五十五名士愛誦の金言名句修養訓」「二十六名家・苦心の結晶」「新東京名所双六《すごろく》」「趣味実益新案番付六十種」だが、最後の付録は本誌に組み込まれている。

筆者が目の色変えて探しまわった付録の趣向は、この頃もう行われていたのだ。別冊付録は、婦人雑誌が先駆だろうか。「お台所重宝事典」「花嫁さん全集」「和裁全集」「婦人手紙文範《ぶんぱん》全集」など、毎号ついている。二百ページから三百ページ余の冊子である。中には四百五十ページのものもある。

付録と思えない厚さに驚いていたら、もっとびっくりする「豪華大付録」にぶつかった。豪華も豪華、一冊の単行本である。

出た！
新雑誌
キング
雑誌界始まっての大壮観
KING
日本一
面白い！
為になる！
安い！
日本一の大部数
新年創刊號
素晴しい四大附録つき
「キング」創刊号発売広告
ココ

先の「キング」の版元・講談社の綜合誌「現代」一九二八（昭和三）年一月号付録。「近世名人達人大文豪」が書名。硬表紙にグラビア六ページ、本文五百二十ページ。高浜虚子執筆の「松尾芭蕉」、松崎天民の「常陸山谷右衛門」他二十名の伝記である。巻頭の森田草平執筆「夏目漱石」を読んでみよう。森田は漱石門下の一人で、平塚らいてうとの心中事件で師の庇護を得た。事件のいきさつを描いた『煤煙《ばいえん》』他がある。

漱石は門下生を小説のモデルにしたが、その一人、『吾輩は猫である』の多々良三平は、俣野《またの》義郎《よしろう》である。俣野は学生時代、漱石の家に一時同居していた。後年、三井物産社員になったが、同僚に小説のことでからかわれる。たまりかねた俣野は漱石に泣きついた。「どうにかせよと言われてもこまる。多々良三平は俣野義郎にあらず、と新聞広告をしようか」と言う。

「いやいや、それはなおさらこまります。皆が私を肴《さかな》にするのは、多々良三平の故郷が私と同じ久留米になっているのに基づくのです。あそこを改めて下さればすみます」

そのため『猫』の再版から、久留米が唐津に改まっている。「尤《もつと》も、紙型を訂正するのだから三字を二字にすることは出来ないので、唐津をから津と仮名で書いてあるところに、その当時の師弟の紛議を留《とど》めてゐるのも可笑《をか》しい」

心中事件の直後、森田は漱石宅に匿《かくま》われていた。夕方、師と入浴した。胃が悪い師は湯舟の縁に腰かけて、胃のあたりを平手で叩いている。弟子はいきなり、こんな問いを発した。「先生、もし死なれて、神がもう一度生まれ返らせてやると言ったら、受け入れますか、それとも断られますか？」

師はしばらく考えていたが、「この胃さえ」とそこをおさえながら、「悪くないようにしてもらえたら、もう一度生まれ変わってきてもいいよ」と答えた。

演劇研究家の伊原青々園《いはらせいせいえん》が「五代目菊五郎」を執筆している。五代目の実子は六代目だが、養子に尾上梅幸がいる。その梅幸が五代目の日常を語った。五代目はトイレが長い。早くても一時間、長引くと嘘のようだが三時間かかる。痔《じ》の気もあったからで、その間、考えごとをしているか、退屈しのぎに小楊枝《こようじ》を削っていた。凝り性なので小刀であきたらず、注文の鉋《かんな》で削っていた。歯のそうじに十数種の楊枝を使い分けていた。

思いだした。「キング」には昭和の初め「明治大帝」という、箱入りのぶ厚い別冊付録があった。「豪華別冊付録」の口切りは、もしや「キング」ではあるまいか。

薩摩の学生 辞書を編む

英語初心者向けの工夫満載

『薩摩辞書』といわれる古い英和辞典がある。

一八六九（明治二）年に、「日本薩摩学生」が上海で印刷し刊行した『改正増補和訳英辞書』である。

高橋新吉、前田献吉、弟の正名《まさな》ら長崎在住の鹿児島出身学生が、外国留学費を捻出するため製作した。わが国初の活字英和辞典『英和対訳袖珍《しゅうちん》辞書』（開成所刊。いわゆる官版である）は一八六二（文久二）年に出版され、六六（慶応二）年に増補再版されたが、値段は二両と高価、しかも品切れで古本で二十両もした。高橋らは官版を基に安く作れば引っぱり凧《だこ》と踏んだ。三人の知識ではこころもとないので、語学塾の英語教師フルベッキに協力を仰いだ。のちに東京大学の前身、大学南校で教頭を務めた人である。作るからには官版より使い勝手のよい物を、と三人ははりきった。動機は安易だが、金もうけ目当てだけのやっつけ仕事ではない。

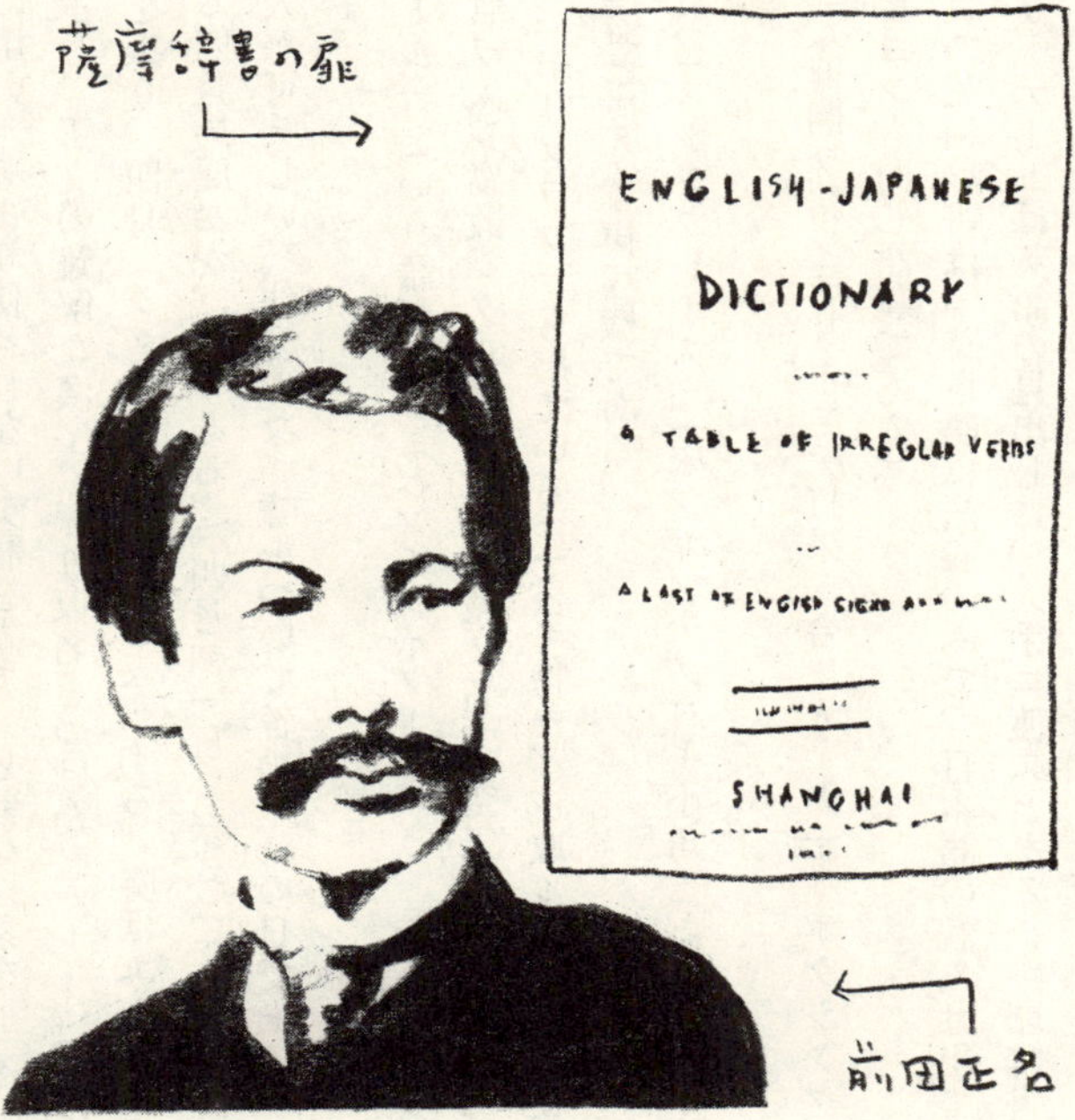
薩摩辞書の扉
ENGLISH-JAPANESE
DICTIONARY
SHANGHAI
前田正名

官版を原本に用い、あまり使われない英語を省き、必要な言葉を加え、英単語の発音を片仮名で示し、訳文の難解な漢字に振り仮名をつけた。たとえば、April はエープリルとルビを振り、四月（シグワツ）と意味を表記する。隣はエープリル・フヲールで、いわゆる四月馬鹿だが、こうある。「四月初《ハツ》一日ノ祭式《サイシキ》ニモテ囃《ハヤ》サル、人《ヒト》」。もてはやさるる人が可笑《おか》しい。他愛のない嘘をついて咎《とが》められぬ日である。朔日《ついたち》を初一日と言っている。

「ベンチレイトル」という語がある（ベンチレイターだろう）。語義はこうある。「室《シッ》中《チウ》ニ新シキ空気ヲ入レ腐敗《フハイ》シタル気ヲ出ス器械ノ名」。空気清浄機を見た日本人はいるのだろうか。「ポリグラフ」も出ている。「書《カ》キ物ヲ写シ取ル為ニ甚《ハナハ》ダ便利ナル器械ノ名」。嘘発見器と違う。複写機である。

「ピス」（尿《イバリ》）「ピスシンプレース」（尿シガツテノヨキ小角《コスミ》）おしっこがしやすい隅っこ、である。

「アスリート」（柵欄《ヤライ》ヲ結ンテ其中《ソノナカ》ニテ打果《ウチハタ》シ合フ人。力士《リキシ》）ボクシングのことだろうか（チエムピヨンも同じ語義である）。

面白い。官版の英和辞書は、英単語に語義のみで、日本語の読みは出ていない。たとえば、エベリーテートは英語の見出しに、人手ニ渡スとある。薩摩辞書は日本語読みがあって、外《ホカ》ニ移《ウツ》ス、と出ている。こちらは初心者向きである。高橋ら学生の実体験から生まれた工夫だろう。

およそ一年かかって原稿が完成した。印刷せねばならぬ。日本では無理、英語の活字がない。フルベッキが上海の美華書院を紹介してくれた。高橋と前田正名が上海に密航した。海禁時代だから発覚すれば死刑である。

無事到着し、書院の所長に面会した。所長が原稿を見てくれた。誤りが多いと指摘し、漢文が読めるイギリス人に校閲を頼んでくれた。正名らは一語ずつ丹念に洗い直した。校正がすんだページから印刷に回した。

三カ月後、所長から印刷費の三分の一の前払いを請求された。当然の要求である。正名らは十枚ほど印刷見本をもらい、費用の工面に帰国した。正名の兄が薩摩の富商、浜田十兵衛から相当の金を融通してもらった。その金を持って正名一人が、再び上海に渡った。高橋もそのあとを追ったが、順調に印刷が進んでいるのを見届けると、正名を残して一足先に帰った。正名は語学の勉強をしつつ、完成を待った。

できあがったのは一八六九年二月で、正名は二千部のうち三百部を受け取り、残りは現金と引換えの約束で神戸に戻った。折しも戊辰戦争の最中で、正名の兄は軍医として軍艦春日で箱館に従軍していた。高橋は長崎には居ず、二人と連絡がとれない。

やがて戦争が終わった。正名は手づるを得て新政府にかけあい、手持ちの辞書を買い上げてもらった。新しい世になり、辞書は大歓迎されたのである。辞書の縁で大久保利通と大隈重信の知遇も得た。二人の支援で留学生にも選ばれた。

驚いたのは兄と高橋である。無断で辞書を金にし、自分たちの夢であった留学を抜けがけで実現させたのだから。献吉は弟の背信行為を責め、兄弟の縁を切った。二人は終生、仲直りすることはなかった。

高橋と献吉は元薩摩藩家老の小松帯刀《たてわき》に事情をうちあけ、上海に置いてある辞書の処置を頼んだ。小松は長崎で外国掛《がかり》をしていた五代友厚《ごだいともあつ》に指示した。五代はかつて武器の買いつけに専心していた。正名は五代の手足となって働いていた。五代は兵部省にかけあい、大半を買い上げてもらった。価格は一部十二両といわれる。高橋と献吉は一八七〇年に、一緒にアメリカに自費で留学している。正名は一年前に新政府の外国御用掛という身分で、こちらはフランスに留学している。『薩摩辞書』のプリーライベーシュンの項に言う。(前以テの味《アヂ》『物ヲ得《エ》ヌ先キニ是ハウマヒ事ト前広《マエビロ》ニ思フ杯《ナド》ヲ云フナリ』)。

龍馬の密使 戯曲を執筆

フランスで上演 大評判に

した。
『薩摩辞書』を編纂した「薩摩学生」の一人・前田正名は、長崎の英語塾で六歳上の陸奥宗光《むつむねみつ》と知り合った。陸奥は坂本龍馬と貿易商社「亀山社中」（のち海援隊）を創立

その頃の薩摩と長州は、犬猿の仲であった。商取引のやりづらさから、龍馬は両藩を取持った。奔走の甲斐あって薩長連合が成立した。

薩摩藩の密使が長州に送られた。正副二人の他に、龍馬は陸奥から紹介された前田正名を選んだ。前田は仲介役・龍馬の代理である。和解の、いわば見届け役であった。出立にあたって龍馬は、お前さんの刀は長すぎる、人目に立つ、おれのと換えていけ、と自分の腰の物を差し出した。

幕府の第二次長州征伐が始まっていて、小倉城下は戦闘体制にあった。馬関海峡は封鎖されている。正名たちは泳いで渡るしかない、と覚悟を決めた。どたん場で、

「闇」船を手配出来た。大金で雇ったが、船頭が馬関（下関）に着岸すると殺される、と尻込みする。もはや船頭を始末するしかない。前田が一計を案じた。旅行用の長持に、薩摩の紋の覆いが掛かっている。幕府に咎《とが》められぬために用意したものだが、これを沖あいから船印がわりに掲げ、長州に示せばよい。船頭が納得し、船は岸に近づいた。紋所が効いて、攻撃されず、三人の密使を受け入れてくれた。正名は大役を果たすことができた。翌年、龍馬は三十三歳の誕生日に暗殺された。前田が『薩摩辞書』作りに熱中していた最中である。

大久保利通のお声がかりで前田がフランス留学したのは、明治二（一八六九）年二十歳の時だが、フランス公使館書記を務めながら、大久保の命で殖産興業の調査をしている。明治十一年、パリで万国博が開催され、わが国も参加。前田は事務官長として会場を仕切った。日本館には日本庭園を造り、陶磁器や漆器、工芸品や絹製品を展示した。宣伝のために前田は、フランス語による日本を舞台の『ヤマト』なる芝居台本を書いて、フランス人役者たちに演じさせた。

この芝居は大変評判になった。劇で使われた衣装や花瓶、食器等が人気を呼び、日本産品が引っ張り凧《だこ》となった。いわゆる「ジャポニスム」ブームである。

明治十二年帰国した前田は、自作台本を「或人《あるひと》の所望に任せ、数日の余暇を以《もつ》て和

陸奥宗光

文に綴り直」した。自らフランス語の台本を翻訳したのである。それは依田学海（漢学者・劇作家。森鷗外の漢文の師）の序文を得て、翌年六月『日本美談《やまとものがたり》』の書名で出版された。「或人の所望」とは依田の義弟・藤井善言《よしこと》である。藤井は後年、前田と共に地方産業振興運動に生涯を捧げる。

『日本美談』はどのような芝居か、読んでみる。赤穂義士の仇討に材を採った、四幕六場の物語である。序幕は歌舞伎の「一力茶屋」の場を模している。大石良雄がお軽を相手に酒をのんでいる。そのやりとり。大石『お軽酌をいたせ』お軽『旦那御手に揺《ふれ》ますから、御酒《ごしゅ》が外へこぼれ升《ます》』大石『ナニ身共《みども》の手が揺《ふれ》るものか、和女《おぬし》が身共の顔に恍惚《みとれ》て手元をよく見ぬからヂヤ』お軽『旦那推《おし》が強い事、何で御顔をみますものか』

漢字のルビは原文のまま。前田が施した読み仮名を写した。

大石の酔態を向かいの座敷から、義士の三人が観察している。うわさ通り性根を失った腰抜けぶりなのか、目くらましの演技なのか。

やがて彼らは大石の存念を知り、義挙《はたあげ》の決行を聞く。都の同志に知らせねばならぬ。若い小山田庄左衛門が、剛直の士ゆえに選ばれる。小山田は途中、実家に立ち寄り、老母と妻子にそれとなく別れを告げて去るつもりが、愛する妻への未練から、つい一泊する。寄り道ならぬと大石に厳しく釘を刺されていたのだが。夜が明けた。老母の晩稲《おくて》が家の者を指図する。『今朝は旦那の御出立。お熊は朝御飯の仕度をせよ。お三は旦那の寝所《ねま》へ行き、御膳で厶《ござ》ると申上げよ』お三『ハイ』（ト返事した計《ばか》り、ぐず〳〵する）晩稲『何をして居るのダ』お三『御居間の方は、未《ま》だ夜が明ますまいと存じ升から』

このセリフはエロティックなニュアンスを含んでいる。小山田夫婦は、久しぶりに会ったのである。

晩稲『閑話言《むだごと》はずに、早ふ往《ゆ》かぬか』お三『只今参り升。ダガ』晩稲『未だ立ぬか』お三『昨日私が起したら、旦那が大そう御不機嫌で困ったから、今朝《けさ》は御免ダ、お熊どん、おまへ行つてお呉れ』（ト突遣《つきや》る。お熊抜足して襖《ふすま》に耳を附て聞居たりしが、大声にて呼起し笑ながら退く）。このあと女中二人は、「寝間の前へ花を蒔散《まきちら》して笑ふ」。晩稲『人悪な戯事《いたづら》する女子《おなご》共ヂャ』

西洋の結婚式で行われるフラワー・シャワーであろう。日本の読者にこの意味が正確に伝わったかどうか。前田正名は『興業意見』を編集し、地方産業団体の育成に尽した。

すぐに出た関東大震災本

九死に一生の体験談

九月一日は、防災の日。わが家で愛用している日めくりには、他に「関東大震災記念日」とある。

十数年前はこの日が近づくと、新聞や週刊誌やテレビで、決まって『大正大震災大火災』という本が紹介された。その理由が、大正十二（一九二三）年十月一日の発行日にあった。震災後たった一カ月で発行された、これは凄いことではないか、しかも当時の初版が八十年も無傷で残っている、驚きである、ニュースだ。報道者はたぶんお若いかただろう。自分が生まれる前の本が珍品に見えて不思議はない。

大日本雄弁会講談社（現・講談社）から発行されたこの本は、当時売れに売れ、そのせいで現在も古書でやたら目につく。関東大震災関係の本は、気が遠くなるほど種類が多く、中には半世紀も探して見つからないものもあるけれど、講談社のこれは、ありふれた震災本の筆頭といってよいだろう。

東京牛込東五軒町の地割
「大正震災志写真帖」より

若い人は発行日の日付に、目がくらんでしまうらしい。一カ月で単行本が完成するなんて信じられないのだろう。

単行本と思うから信じられないので、形は単行本だが中身は雑誌と考えれば何の事はない。目次を読めば、わかる。「目覚しき各種機関の活動」「鉄道の惨害と応急始末」「経済界の大打撃と将来」「鬼神も面を掩《おほ》ふ悲話惨話」「嘘のやうな事実！　震災異聞」「震災が生んだ新商売珍新職業」「地震と火事に関する伝説」……

雑誌の見出しである。月刊誌なら一カ月で発行できるのは当然である。ちなみに大阪朝日新聞は、『大震災写真画報』を十二年九月十五日に発行している。このグラフ誌は十日間で七十万部売れたという。また同日、報知新聞は『大正大震災写真帖』を発行している。写真帖といっても、新聞半分大の、十二ページのグラフ誌である。なまなましい被害写真がずらり、写真帖には違いない。

写真といえば、『大正大震災大火災』も、三百ページ中、写真ページが八十ページを占める。収められた写真は、全部で百二十葉ある。当然ながら地震直後の撮影のものばかりである。日を追うにつれ、惨状写真は絵葉書やグラフ誌などで出回るが、あまりに残虐なものは当局によって摘発され、また発行差止めになった。お堀での水浴など裸体写真も発禁になった。『大正大震災大火災』の本文に目を通してみる。さまざまな体験談が載っている。

鎌倉大町の菓子店の店員は地震の時、長谷《はせ》停車場の近くにいたが、津波が襲うとの騒ぎに急いで傍にあった舟に飛び乗った。津波はみるみる引いて、沖あいはるかに持っていかれた。生きた空もなく舟のまにまに漂っていると、見上げるような大津波がやってきた。もう死ぬのだと観念し、目をつむった。舟はその大波に乗せられて、気がつくと先の停車場付近の、ほとんど元の位置に戻されていた。

猛火に追われ逃げているうち、逃げきれず地べたにつっぷして助かった人がいる。手にさわった物があり、見ると何かの小さな箱だった。無意識に箱の底を抜き、その中に顔を埋めた。とたんに逃げる人たちが、背中に折り重なってきた。夢中で大地の呼吸を吸って、何時間かを過ごした。重なった人たちが炎の楯《たて》になってくれ、九死に一生を得た。

猛火の中で象や熊を救いだした人がいる。浅草花屋敷の園丁・福井酉蔵《とりぞう》さんである。象たちに放水していたが、頭上から霰《あられ》のように火の粉が落ちてきて、間に合わない。鎖を解いているうち、老年の象は焼死した。十一歳の小さい象を引きずるようにして火から出し、観音様の五重塔につないだ。熊五匹、鹿二匹は火が迫るとすぐ穴倉に追い込んだが、穴倉に燃えるものがなかったため助かった。上野動物園は、風向きが変わったので無事ですんだという。

その上野では当日、日本美術院主催の展覧会（いわゆる院展）の招待日だった。平《ひら》福百穂《ふくひゃくすい》画伯は、横山大観『生々流転』の大絵巻を鑑賞していた。地震で絵が落ちた。画伯は落ち着いて絵巻を持ち上げ、破れぬように慎重に保護に努めた。

歌人の与謝野晶子が、「天変動く」と題して十首詠んでいる。「生命《いのち》をばまたなく惜しと押しつけにわれも思へと地の揺らぐ時」

作家の幸田露伴が序文と「罹災者に贈る言葉」を寄せている。露伴は隅田川沿いの向島の自宅で、二人の子（一人はのちの作家・文《あや》。当時二十歳）と地震に遭遇した。庭に逃れ、無事だった。

露伴は説く。自棄になってはならぬ、この際必要なのは勇気である。勇気の徳が一切の不幸を切り開く。「奮《ふる》ふべし奮ふべし、為《な》せば成る世である、為さねば成らぬものである。悪《あ》しくするも善《よ》くするも皆心からだ（略）人々各々《おのおの》其分々《ぶんぶん》に健闘すべきである……」

楚人冠全集の「きき目」

「稲むらの火」人物伝を収録

古本の文学全集が、今、すさまじく安い。『漱石全集』十八冊揃い（昭和四十九＝一九七四年版）が、五、六千円である。『志賀直哉全集』十五冊揃い（昭和四十七年版）が六、七千円、『齋藤茂吉全集』五十六冊揃いが、二万円しない。

昔は文学全集は古書店の看板だった。高価でも、よく売れた。そのため店主は手元に不揃いの全集があると、「秘密手帳」を持ち歩いて、欠巻を補うべく端本《はほん》を探し回った。

秘密手帳には欠巻の数字が記してある。どうしても見つからぬ巻数がある。逆に言えば、その巻さえ持っていれば、残りの欠巻は居ながらにして集まる。肝心の巻を、業界用語で「きき目」と言った。きき目の巻は業者同士で取引する場合、断トツに高い。全集の最終配本の巻が大体きき目であった。発行数の少なさが理由だが、例外もある。『楚人冠《そじんかん》全集』という全集がある。昭和十二年に全十二巻の触れ込みで、日本評論社から刊行された。楚人冠は、本名、杉村広太郎。和歌山県出身のジャーナリストで評論家、軽妙皮肉なコラムで人気があった。全集は巻を追うごとに読者が増え、三巻足すことになった。増巻分から歌人の土岐善麿《ときぜんまろ》が責任編集である。十五巻刊行したが、収録すべき文章が尽きない。そこで更に三巻増やすことになった。結局、全十八巻が完結したのは、昭和十八年のことである。従って楚人冠全集の場合は、増巻の十六、十七、十八巻が「きき目」ということになる。いや、まだ、ある。

第十回配本の、第七巻である。この巻は探すとまず見つからないし、あっても格段に高い。他の巻は後半の巻を除いて、大体三、四百円で買えるが、七巻のみはン千円する。

なぜ高いか。『濱口梧陵伝《はまぐちごりょう》』が収録されているからである。

そう、「稲むらの火」の主人公の伝記である。かつて美智子上皇后が、教科書に出ていた津波の避難物語を忘れない、と語られた。村人に津波来襲を知らせるため、稲むらに火を放ち、火事と見せかけ高台に導いた義民五兵衛の物語である。稲むらは稲の小束を積み上げた山のこと（稲藁《いなわら》の山も稲むらと称する）。教科書の物語には原作がある。小泉八雲の「ア・リビング・ゴッド」（生ける神）である。八雲の作品は一八

濱口梧陵傳目次

杉村楚人冠

九六年アメリカの雑誌に発表された。のちに作品集『仏陀《ぶつだ》の畑の落穂拾い』に収められた。

内容は「稲むらの火」とほぼ同じだが、八雲は百年前の出来事に描いている。事実は一八五四年、安政元年の、いわゆる安政大地震の津波で、五兵衛の村は紀伊国広村、現在の和歌山県広川町になる。五兵衛は八雲の作品の中の名前で、実際は濱口儀兵衛といい、梧陵のことである。

楚人冠は同郷のよしみで、梧陵伝の執筆を依頼された。大正九（一九二〇）年十一月、梧陵銅像建設委員会によって冊子になり、関係者に配られた。非売品ゆえ一部にしか渡らない。全集の七巻に収められて、初めて一般人に読めるようになった。そうして現在に至るまで、本格的な濱口梧陵伝というのは、楚人冠のこれしか無いのである。梧陵の事蹟を知ろうとすれば、全集の七巻を探すしかない。

探しても一向に見つからぬはずである。見つけた人が手離さないのだ。古書価が高いゆえんである。

楚人冠は七巻の解題で、伝記の著者は自分になっているが、編纂《へんさん》の任に当たった人は北沢秀一である、と明記している。北沢（旧姓・薄井）は紀州の広村に出張し、実地に現場を観察し、読みにくい古手紙を解読し整理、また梧陵を知る人を片端から訪ね、談話を聞くなど、材料を集めてくれた。「今まで断簡零墨の外何等翁を伝ふるに足るべき文献のなかつた時、紀州にも濱口家にも何の縁故も関係もない身でありながら」自分の助手のような役回りを務め、一巻の原稿にまとめてくれた。「私はたゞこの原稿に依りて全部を書き直した迄で、実際の梧陵伝の編纂は北沢君が一人でその任に当つたのである」

口を拭ってそ知らぬふりをする文筆界において、この告白は偉とするに足る。どうせなら北沢秀一がどういう人物か、紹介してほしかった。一緒に仕事をした人の履歴や逸話を記録する。功なり名をとげた人の、当然の役目ではあるまいか。

楚人冠は十六歳で上京、英吉利《イギリス》法律学校に学んだ。二十歳、和歌山新報の記者となる。小新聞のため論説、雑報、連載小説など、一人で執筆した。一年で退社、東京に出て国民新聞社の翻訳係ののち、アメリカ公使館で通訳をした。その後、東京朝日新聞社に入社、活躍している。楚人冠の号の由来は、シルクハットの帽子掛けの位置で人種差別されたこと。「楚人は沐猴《もつこう》にして冠す」という『史記』の言葉がある。楚の人は猿が冠をつけているようだ、という悪口である。差別された屈辱を忘れぬため、号にした。

香典代わりのリレー小説

五十五人が連載、遺稿集の「付録」に

『うきよ診断』という書名の本がある。『最新性慾教育』『変態性欲の研究』など通俗性医学書を、七、八十冊書いた医学博士・羽《は》太鋭治《ぶとえいじ》の著書だが、内容は他愛のない「お色気エッセー」集である。

ところが、この本、どうも変なのである。昭和四（一九二九）年十月に三洋社が出版し、翌年十一月には三十五版を重ねたほど売れたのだが、著者の名で売れたのか否か、はっきりしない。

というのも、総計六百二ページという厚冊のうち、百九十ページは五十五人の筆者が執筆しているのである。顔ぶれを見ると、木村毅、葉山嘉樹、住井すゑ子、坪田譲治、神近市子、平林たい子、等である。里村欣三もいる。黒島伝治もいる。それぞれ千百字の小説を書いている。おのおのの小説には、小杉未醒《みせい》（放庵）、木村荘八、他が挿絵を描いている。ぜいたくな本なのである。これは、どういうことだろう？　い

うきよ診断

醫學博士 羽太鋭治著

愚談。漫談。珍談。猥談。

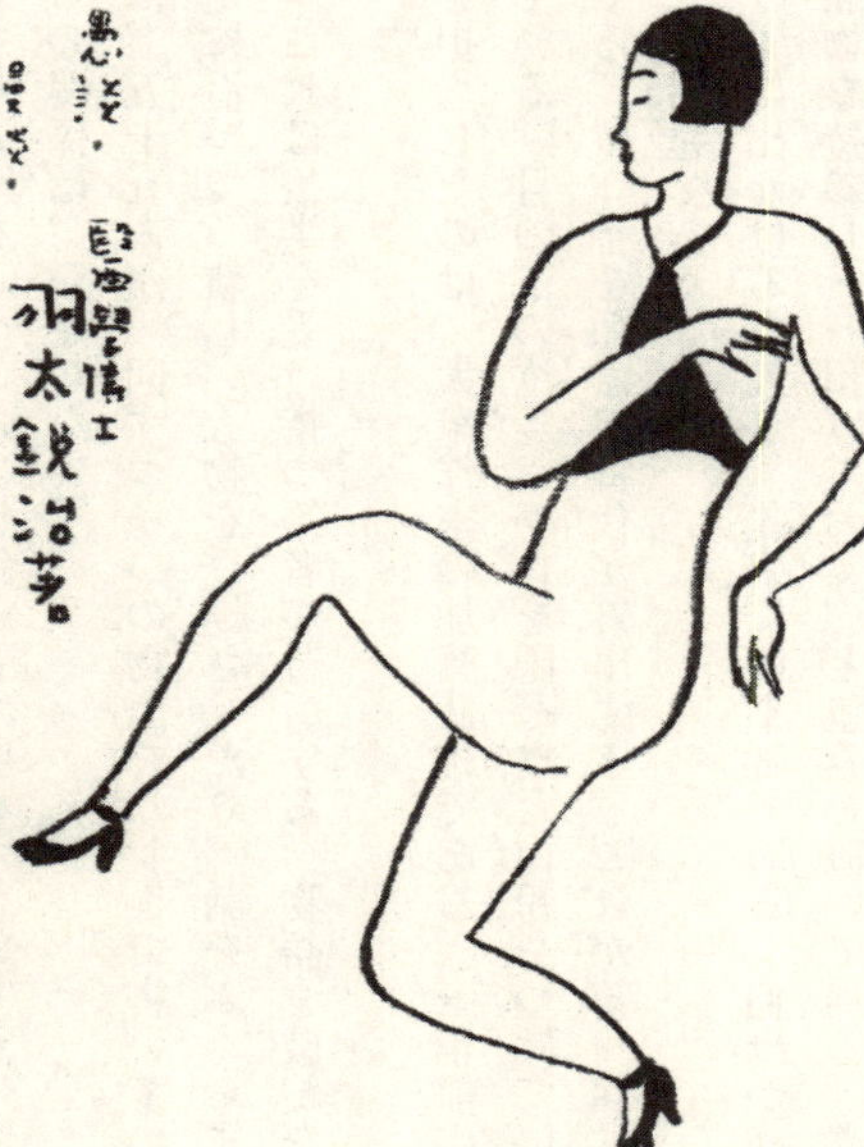

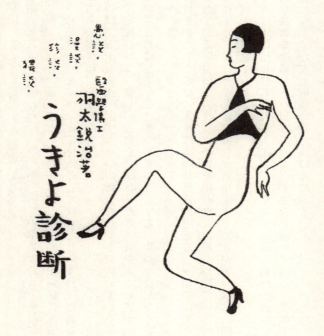

わば後半百九十ページは、『うきよ診断』の付録扱いなのだ。

著者の羽太は、昭和三年「東京毎夕新聞」に、「喇叭閑《ラッパかん》」の筆名で百五十余回にわたり、コラムを連載した。それを一冊にまとめたのが本書だが、同じ頃同紙に連載されていた「連作小説　恋を喰《くら》ふ」を、ついでに付録として収めたというわけである。羽太と五十五人の筆者らの関係は、わからない。

「連作小説」というのは、五十五人が一回ずつ一つの物語をリレーで書いていく形式である。前の作者の設定に沿って、新しい人物を登場させたり、話をふくらませつつ書きついでいくのだが、これは後半を受け持つ筆者が苦労する。物語を破綻なく完結させなくてはならない。

「恋を喰ふ」の幕開けを担当したのは、大衆作家の加藤武雄である。三年前に夫を亡くした喜代が化粧をしている。目の下の泣きボクロを隠そうと白粉《おしろい》をつけている。そこに義弟の学生が帰宅する。留守番を頼んで喜代が外出する。これが第一回。二回目を柳原燁子《あきこ》が継ぐ。歌人の白蓮《びゃくれん》である。

化粧して行き先を告げずに出かける喜代が、義弟には不審である。伯母が訪ねてくる。喜代に依頼された品物を持参した。預けておく、と包みを置いて帰る。義弟が包みを開けると、燃えたつような友仙縮緬《ゆうぜんちりめん》の長じゅばんである。

第三回は、評論家の新居格《にいいたる》。『アナキズム芸術論』の著者というより、公選による戦後初の東京・杉並区長として名高い。新居は伯母の語る喜代のうわさを書く。第四回はプロレタリア詩人の松本淳三。化粧した喜代はどこへ行くのか。四谷見附から麴町のお屋敷町の方に歩いていく。

第六回を受け持った文芸評論家の木村毅は、物語を急展開させる。ある夜、なまめかしい寝間着姿の喜代を見た義弟は、発作的に彼女の手を取る。その瞬間、ホトトギスが鋭く鳴いて過ぎた。二人は我に返る。翌朝、新聞を広げた喜代は、飛び上がる。密売淫検挙の記事。富豪、文士、学生の客多し。風俗を乱した麴町の謎のお屋敷。

物語は佳境に入る。最後を締めたのは、『人間廃業』の作家、大泉黒石《こくせき》である。喜代の死んだ亭主は文士で、文士仲間の書いた小説がこれまで語った奇々怪々の物語というわけ。「ハイ。御退屈様」完。

ナアンダ、であるが、「連作小説」なるもの、大体こんな風な、似たりよったりの結末だったようである。昭和初めの頃、一時期、流行したが、すたれるのも早かった。下火になった理由は「御退屈様」だったからである。

このリレー小説を発案したのは、ジャーナリストの杉村楚人冠《そじんかん》である。杉村は大正十五（一九二六）年、雑誌「アサヒグラフ」に、『旋風』の題で二十六人の名士（作家は一人もいない）に小説を書かせた。言いだし兵衛の杉村が幕開けと幕引き役を引き受けた。

執筆陣は記者の鈴木文史朗、清沢洌《きよさわきよし》、美土路昌一《みどろますいち》らの他に、笹川臨風、柳田國男、鶴見祐輔、土岐善麿、北沢楽天、他である。枚数は四百字詰原稿用紙で五枚から十二、三枚とまちまち。トリを取った杉村は二十三枚も書いた。『旋風』は大正十五年十一月、一冊にまとめられ、東京朝日新聞社から出版された。

羽太著『うきよ診断』に、「権兵衛《ごんべえ》が種まきゃ烏《からす》がほじくる」という俗謡の出典が不明とある。その数十ページあとに、何だこの有名な権兵衛を知らぬとはけしからん、と権兵衛殿の親類か後裔《こうえい》みたいな人たちから、お叱りと共に実在の人物と教えられた。教示によると和歌山の人で鉄砲の名人、紀州公に表彰されたうんぬん、と出てくる。権兵衛については杉村も書いている。その文は昭和十年の執筆で、羽太の文の六年後である。杉村も同郷の権兵衛の事蹟はこの時まで知らなかった。羽太は昭和四年自殺、本書は遺稿集となった。つまり連作小説は執筆者のいわば香典なのだった。

「事実は小説より」の出典

バイロンの言葉、明治期には紹介

大正十四（一九二五）年二月号の「家庭朝日」の広告欄に、こんな惹句《じやつく》が出ていた。「『本当にあつた事』は小説以上に興味ある事実談です」「本当にあつた事」という特集記事を載せた雑誌の広告である。

ゆくりなくも、思いだした。「事実は小説より奇なり」という警句がある。そもそもこれは誰が言いだしたのか、十年ほど前調べたことがある。

三省堂刊・松村明編の『大辞林』第三版（二〇〇六年）に、「バイロンの言葉」とある。イギリスの詩人バイロンの発した言葉なのか、バイロンの作品に出てくるアフォリズムなのか、わからない。

たまたま作家・佐藤春夫の短篇「指紋」を読んでいたら、新聞記事が引用されていた。こうあった。「大正の今日尚この怪事あり、事実は小説より奇とはかかる比《ひ》のことなり」

「指紋」は大正七年七月号の雑誌「中央公論」に発表された。同一の指紋は二つと無い事実を用いて、奇怪な殺人事件を描いた、いわゆる探偵小説である。「私の不幸な友人の一生に就《つい》て怪奇な探偵的物語」の副題がある。文中の新聞記事は、むろん作者の創作である。バイロンを持ち出している、ということは、当時この警句が広く一般に知られていた証拠である。

折しもあれ、丸善のPR誌「学燈」大正七年四月号に、一大奇書『ロマーノフ王朝の落日』の広告が載っており、「小説以上」の見出しで、こうある。「恐らく上下二千年間の世界の歴史を尋ねて最近のロマーノフ家の滅亡ほど電光石火的にして惨の又惨を極めたるは無からん。事実は小説よりも奇也《なり》の語は猶《な》ほ未《いま》だ足らず。」「指紋」と同年の用例である。流行したのは、この頃であろうか。

それにつけても、出典を知りたい。バイロンの何に出ているのか。簡潔な日本語に訳したのは、どなたか?

佐藤春夫に目をつけたのは、単純な理由であった。わが国で「指紋」が最も早い時期の使用であるのと、詩人として出発した佐藤は当然バイロンに親しんでいるであろうと考えたからである。

ハイネ好きの佐藤なら、同系統のバイロンを読んでいるはず、とにらんだ。ドイツ

Lord
Byron
1788 —
1824

の詩人ハイネは、バイロンに感化され、みずからバイロンの作品をドイツ語に訳している。

案の定、佐藤の自伝『詩文半世紀』に、出ていた。小学生の時から大層な読書家だった彼は（新刊店で一ヵ月三十円もツケで本を買っていた。銀行員初任給の半分である。裕福な医院の子だった）、中学に入学した頃、印象に残る本と出会った。

「木村鷹太郎訳のバイロンの『海賊』があつて、これはそのほかのどの本よりもわたくしには面白く、血をわかせ肉を躍らせたものであつた」

これだ。木村鷹太郎訳『海賊』。この本が例の出処に違いない。勇んで、本書を入手する。

明治三十八（一九〇五）年一月二日発行、定価は六十五銭、版元は尚友館書店。一月十五日には再版が発行されている。

訳者の木村は明治三年愛媛県の生まれ、東京帝大哲学科卒、井上哲次郎、高山樗《ちよ》牛《ぎゆう》と共に「日本主義」を唱え、『プラトン全集』のほか、バイロンの紹介に努めた。『日本近代文学大事典』によれば、「バイロンをもっともいきいきと紹介したものは、じつは英文学者でなくて、彼である」（木村毅執筆）。

『海賊』は小説でなく、長篇叙事詩である。海賊の首領コンラードは理想主義者で、世の為《ため》人の為に働いていたが、何度も善意を裏切られているうち人が変わり、復讐の手段に海賊を業とするに至った。妻のメドラは夫の反逆を嘆く。夫は某国の王ザイドを倒すため、計略を用いて攻め入る。コンラードは決戦前、配下に注意する。「一人の女性をも害すべからず、／記憶せよ！　吾等も又た皆な妻を有せる者なることを。／然《しか》らずんば或は又た、吾等の妻の身の上にも、此《か》かる烈《はげ》しき復讐あらん、／男子は吾が敵――殺すべきは男子のみ」

ザイドの妻グルナレーは、コンラードの俠気《おとこぎ》に惚《ほ》れる。歓心を得るため夫を殺す。そして愛を告白するのだが――

「事実は小説よりも奇なり」の文句はどこにも見当たらない。木村鷹太郎の著『鳴潮《めいちょ》余沫《うよまつ》』所収の「バイロンの女性及愛恋観」「バイロンの海賊及サタン主義」も開いたが、「奇なり」の語はあるも意味は別である。

やなぎ生著『小説金瓶梅』（日吉堂本店刊）の巻末に、『小説棄児』の広告が出ていた。いわく、「奇傑雲井龍雄の『棄児行』の詩深く人口に膾炙《かいしゃ》するや久し然《しか》も事実は小説よりも奇也の言吾人を欺かず」うんぬん。

あわてて『小説金瓶梅』の発行年を確かめると、明治四十四年六月である。大正の流行語にあらず。

愛すべき漫画の思い出　落丁騒ぎや作者との交流

女優・吉永小百合は、声でデビューした。昭和三十二（一九五七）年当時の子どもたちは、定刻六時になるとラジオに耳を傾けた。「ちょこざいな小僧め、名をなのれ」「赤胴鈴之助だ」。そして剣をとっては日本一に、という主題曲が流れてくる。鈴之助の師、千葉周作の娘さゆりが、吉永小百合の役だった。張りのある、歯切れのよい東京弁である。田舎の少年（筆者である）は声から絶世の美女を想像し（実際そうだが）、「さゆり」に恋をした。

「赤胴鈴之助」はもともと漫画の主人公だった。月刊誌「少年画報」に連載されていて、熱狂的に読まれた。「漫画の神様」手塚治虫と人気を分け合っていた福井英一の作品だった。ところが第一回を発表した直後、過労で三十三歳の若さで急死した。急きょ武内つなよしが引き継いだ。武内つなよし版『赤胴鈴之助』が爆発的ヒットをしたのである。従って武内が実質的な原作者となる。福井英一は忘れられた。

福井英一

昭和四十六年夏、私は友人たちと伊豆の大瀬崎《おおせざき》でキャンプを張っていた。昼の食事を作っていたら、空の高みで遠くドーンと腹にこたえる音がした。あとでわかったが全日空機と自衛隊機が岩手の雫石《しずくいし》上空で衝突した音であった。大瀬崎入口のバス停前に、氷屋があった。私たちが氷イチゴを注文すると、奥のテレビが衝突事故を報じていた。店の壁には本棚が据えてあって、古い漫画がびっしりと詰まっていた。氷屋は夏場の商いで、本来は貸本屋なのだろう。福井英一の『豆らいでん』があった。昭和二十九年十一月発行、定価百三十円、発行所は太平洋文庫である。他の漫画に比べると、汚れが少ない。私は譲ってほしい、と交渉した。店主は難色を示したが、金額を告げると了承した。私は古本屋の番頭だったから、相手が満足する値段を提示したのである。友人たちは、しかし私がうまい商売をしたと早合点し、奢《おご》れよ、今回の酒代は皆お前が持て、とたかった。

私は福井英一がほしかったのである。転売するつもりはなかった。福井は手塚治虫や杉浦茂やうしおそうじと共に、大好きな漫画家であった。『豆らいでん』は宝ものにした。

通信販売を始めた頃、売り物の目玉に窮して、虎の子を手離すことになった。古い漫画本は、その頃、一部の愛好者が収集していて、一般人は見向きもしなかった。ブームが起こるのはこの数年後である。手塚治虫の『新宝島』に数十万円の値がつき、それを小学生がお年玉を貯めて買いに来た。

『豆らいでん』には二千円の売価を付した。早速、地方のお客から引きあいがあった。送金を確認し、思い出の品を郵送した。ところが数日後、落丁があったと連絡がきた。本文一ページが抜けている、という。そんなはずはない、大瀬崎から帰ってすぐに私は読んだのである。しかし現に欠落していると断言されると、つっぱねる自信はない。漫画は拾い読みのような形で読むことが多い。物語によっては一頁飛ばしても気がつかぬ場合も、なきにしもあらずだ。証明できない。

客は大幅に値引きしてくれるならもらう、と言う。落丁本は商品にならぬ。買ってくれるだけありがたい。だが私は断った。自分で持っていたい。客は未練げに再考をうながしたが、私は返金の手続きをとった。

後年この話を同業にすると、食わせ者の手口だと教えられた。傷物は売りものにできぬので返品に及ばぬ、進呈すると詫びるや、得たりと破いた頁を復原するのだそうである。されば貴重な本は、「落丁乱丁他調査済み」の伝票を挟んで届けるよし。『豆らいでん』の落丁本は、その後、落丁でも構わないから是非ほしい、とせがむ客に売った。傷本だろうと何だろうと、「本物」なら手元に置いて眺めていたい。それが漫画本の良さです、とその客は笑った。

二十年前になる。新聞の出版広告で著者「うしおそうじ」の名を見つけ目をみはった。『昭和漫画雑記帖』という本だった。健在だったのだ。なつかしく、取りよせて夢中で読んだ。

小学生の頃、この人の『どんぐり天狗《てんぐ》』や『朱房の小天狗』の時代劇漫画が大好きだった。丸みのあるなごやかなタッチの絵と、ストーリーの面白さ、垢《あか》ぬけたセンスが何ともこころよかった。そのはずだ、氏は東京・芝生まれのきっすいの江戸っ子、と先の本で知った。戦前、東宝の特技課で、ゴジラの生みの親の円谷《つぶらや》英二の愛弟子《まなでし》だった。『昭和漫画雑記帖』の紹介文を書いたら、それを目にした氏から丁重な手紙をいただいた。作品の雰囲気そのままの、ほのぼのとした筆跡である。何度か手紙のやりとりをした。手塚治虫伝を執筆中とあり、こんな文章があった。「彼が私を尋ねて来て意気投合した昭和二十七年春以降親交を深め福井英一の死によって私が『東京児童漫画会』に引張こまれ」うんぬん。

「化け込み」の女性記者

奔放な恋愛、人生も七変化

『婦人記者化け込みお目みえまわり』という本がある。奇妙な書名の由来は、記者の身分を隠して、普通おいそれと覗《のぞ》けぬ職業の内部を探ることにある。お目みえは、試しに奉公してみること。雇う方雇われる方、双方が納得すれば本契約の運びとなる。化け込みは造語で、記者が奉公先に合わせて適当な境遇の女性に扮すること。

本書の著者は、中央新聞記者の「なでしこ」である。どのような記者か。作家・岡田八千代の序文に、こうある。「あなたの白い頰と優しい眼とを見た時には、この方があの『化け込み』をやつた人かと疑はれる位でございました」「あなたはつつましやかなお方に見えました」

なでしこ記者は、地味な服装に着替えて口入れ屋（奉公先周旋所）を訪ねる。まずは料亭の女中の口はないか。折よくあって、紹介された店に出向く。女将のおめがねに叶《かな》って、住み込む。まんまと女中に化け込んだ著者は、「彼女等の裏面の生活を尤《もつと》も赤裸々に語り得ました」。それを新聞で報じた。

お目見え奉公は、二日か三日である。正体が露顕《ろけん》せぬうちに退散する。かくて本書は、女奇術師宅やモデル周旋所、芸者置屋、尼寺、吉原遊郭、などをルポする。遊郭は遊女志願でなく、裁縫仕事、お針子である。廓《くるわ》の開店は、若い衆が蒲鉾《かまぼこ》板ほどの木札を五、六十枚通した綱を両手に持ち、ネズミ鳴きの声を発しながら、店先の板の間にガチャリガチャリと打ちつける。客が大入りであるようにとのまじないから始まる。

『化け込みお目みえまわり』は大正五（一九一六）年一月一日発行（版元は須原啓興社）、四月十五日には三十五刷と版を重ねた。なでしこは半年前に『やとな物語』（明治出版協会）を刊行している。同じく「化け込み」物で、やとなは臨時に雇い入れる仲居のこと。酒席で客の相手をする女である。

なでしこは本名を中平文子《なかひらふみこ》といい、明治二十一（一八八八）年愛媛県松山に生まれた。京都府立第一高女卒、女優になる。結婚するも程なく離婚、大正二年二十五歳で中央新聞に就職、婦人記者の先駆の一人である。社主の代議士の愛人となったが、政界の裏面を筆にして袋だたきにあった。出家するつもりで京の某寺に駆け込み、そこで禅を学ぶ若者と意気投合し、寺を出て所帯を持った。やがて作家の武林無想庵《たけばやしむそうあん》と知り合う。

←武林無想庵夫人の頃の文子

無想庵は文子より八歳上、東京帝大在学中に小説「神秘」で上田敏に認められる。結婚するも放蕩《ほうとう》三昧、大正九年、文子と恋愛、お互い身辺を整理して結婚した。夫婦はフランスに渡る。武林姓になった文子は娘を生む。二年後、帰国。無想庵はおのれの不品行とだらしのなさを、あけすけに小説にし発表した。文子は山極道子の名で登場する。主人公は道子と話していると、「どういふわけか自然に欲情を催して来る」。

夜道で道子とキスしようとするが、愛人の顔が思い出されてできない。愛人は商家の主婦で、先方から縁切りを宣告され受け入れたばかりだった(「性欲の触手」)。大正十二年夫婦は娘を連れて再び渡仏、文子は日本料理店を開いて生活を支えた。しかし経営はうまくいかず、彼女は留学生の愛人になった。無想庵は『「Ｃｏｃｕ」のなげき』を書く。コキューは、寝とられ亭主のことである。

この辺のいきさつは、武林文子の『この女を見よ』に詳しい。小説だが、事実にもとづいてまとめられていると見て、間違いあるまい。昭和二十七(一九五二)年に発行された。版元はコスモポリタン社。文子の著書の中では、あまり見ない。当時としては、きわめて扇情的な内容である。

夫はTの頭文字で描かれている。「私」はT公認の愛人を持っている。愛人は酔い始めた私の目つきを、「寝室の眼」と呼んだ。無想庵が話をしていると欲情を催してくる、と書いた、あの眼である。

私は次第に愛人がうとましくなり、Tの信奉者である若い留学生の手引で、娘と共に南フランスのニースに逃げる。そこで留学生と結ばれる。

嫉妬に狂った愛人は、どこまでも私を追いかけてくる。私も一概に突っぱねられない。未練がある。留学生の青臭さが鼻につき始めてもいる。

事件が起こった。モナコのモンテカルロのホテルで、ささいな事から愛人と口論になった。激高した男は、私を階段から突き落とし、立ち上がったところをピストルで撃った。弾丸は左の頰から左の奥歯を抜けて口中に止《とど》まり、奇跡的に助かった。

昭和十年文子は無想庵と離婚した。そしてベルギー在住の日本人貿易商と結婚し、昭和四十一年七十七歳で波乱の生涯を終えた。『ゲシュタポ』『スカラベ』等の著書がある。最後の名は宮田文子。

「むっつり右門」の生みの親　書きまくって大家族養う

捕物帳が、好きである。これの元祖、岡本綺堂《きどう》の『半七捕物帳』以来、野村胡堂の『銭形平次』や横溝正史《せいし》の『人形佐七』、城昌幸《じようまさゆき》の『若さま侍』、村上元三の『加田三七捕物そばや』ほか、有名無名の捕物帳が、おそらく百近く（あるいは百以上）書かれているはずだが、今回取り上げるのは、元祖が激賞した佐々木味津三《みつぞう》の『右門捕物帖』である。

八丁堀同心の近藤右門は、人呼んで「むっつり右門」、よけいな口はきかない。それでは小説に華がないので、配するに岡っ引の「おしゃべり伝六」、右門の伝言役であり狂言回しである。無口の同心とは考えたものだ。

江戸町奉行の同心は、罪人を問い質《ただ》す際、巻き舌でよどみなく畳みかけた。早口言葉の習練をしたという。相手を恐れ入らせるためである。

捕物帳作家は訊問《じんもん》の口跡《こうせき》に腕をふるった。元祖・半七の伝統である。むっつり右門

佐々木味津三
右門捕物帖
上
旗本退屈男

も例外でない。隅田川の屋形船が何者かの手で沈没し、娘が行方不明、遺体も上がらぬ。川下だけ探しても見つからぬ、川上も探せ、と右門が命じる。川は下へ流れている。川上はムダ、と伝六が反論する。むっつり旦那が、こう言う。

「しやうのねえどぢばかりだな。だからおいらは安出来の米の虫が好かねえんだ。頭数ばかり揃つてゐたつて、世間塞ぎをするだけぢやねえか。折角久しぶりで気保養《きぼやう》しようと思つてやつて来たのに、ろくろく涼むことも出来やしねえや。ちょッくら智恵箱開けてやるからついて来な」

この洒落た言い回しが聞きたくて、筆者は捕物帳を開くのである。

『右門捕物帖』は昭和三（一九二八）年、第一話が雑誌に載った。好評だったので、七年三十八話まで続けられた。戦前だけで嵐寛寿郎の右門で二十七本も映画化されている。

作者の佐々木味津三は、明治二十九（一八九六）年、愛知県の酒造業の三男に生まれた。「文藝春秋」創刊時の同人の一人で、文学活動をしていたが、味津三を経済援助していた長兄が急死、莫大な借財がのこされた。弟二人、妹五人、それから兄の遺児が十二歳を筆頭に五人、母と兄嫁、これだけの大家族を、三十歳の味津三が養わなくてはならぬ。芥川龍之介の助言もあり、稼げぬ純文学を捨て、大衆小説に鞍替《くらが》えした。

そして書いて書いて、書きまくった。睡眠時間は一日に二、三時間で、机の前を離れるのはトイレの時のみだったという。少女小説、ユーモア小説、エッセイ、評論、翻訳、雑文、何でも注文に応じた。

長篇に、大塩平八郎の乱を描いた『風雲天満双紙』や、『小笠原壱岐守』『まぼろし峠』『天草美少年録』他があり、『右門捕物帖』と並ぶ人気シリーズに『旗本退屈男』がある。

こちらは眉間に三日月形の刀傷がある、直参旗本・早乙女《さおとめ》主水之介《もんどのすけ》が活躍する。

休みなしに書き続け、兄の遺児たち、弟妹を学校に通わせると、昭和九年二月、持病の喘息《ぜんそく》により三十九歳で逝去した。死の直前まで、これから書く新聞連載小説のあらすじを語っていた。

同年、平凡社より『佐々木味津三全集』全十二巻が刊行され、翌年四月完結した。

この月、遺族の手で追悼文集『甘棠集《かんとうしゅう》』が出版された。

菊判和装写真十四ページ入り非売品で三百部作られた。菊池寛、川端康成、井伏鱒二、尾崎士郎、江戸川乱歩らが文章を寄せている。

執筆に明け暮れた味津三の息抜きは、毎月定例の、「泊鷗会《はくおうかい》」への出席であった。

英文学者で、樋口一葉と親交のあった馬場孤蝶が主催する、古書収集を趣味とする会である。松崎天民、村松梢風、田中貢太郎、野尻抱影、松本泰、生方敏郎、他の面々が集い、珍しい話をする。この会には欠かさず出席した。

味津三は若い時ひどい貧乏を体験したが、本だけは決して売らなかった。夫人に、本を売る前に自殺する、と語った。

本くらい安い物はない、のちのちまで残る、と力説した。

『甘棠集』をまとめたのは夫人だが、凝った古風な造本は、味津三の古本趣味を再現したものだろう。夫人は晩年の夫の口述を筆記した。

三十三回忌に当たって『落葉集』を編集し、私家版で発行した（昭和四十四年二月）。味津三の未刊遺文集と銘打った。

『甘棠集』と共に味津三文学研究に貴重な資料である。

作家の追悼集を手にするたび思うのだが、どうして故人の蔵書目録を作製しないのだろう？ 故人が生前どのような本を集め、読んだか、目録があると、作品の成り立ちや思想形成など、作家研究にすこぶる便利なのだが。特に味津三のような本好きの蔵書は見てみたい。作品は残っても、読んだ本は記録されず散逸し、はかなく消えてしまう。

新聞の切抜きも「古書」

毎日欠かさぬ熱意に感動

古本屋や古書展会場で、古い新聞スクラップが売られている。これは人気が高く、物によっては引っ張り凧《だこ》である。

いつぞや昭和十年代の書籍広告のみの切抜きが、一冊にまとめられて出ていたが、ひと足違いでさらわれた。以前、この手のスクラップで、映画や芝居、薬やファッションなど業種別に整理されたものを見かけた。また人生相談のみの切抜きもあった。書籍化されていない分野のものは貴重である。

美智子上皇后が妃殿下時代、佐藤春夫の連載コラム「美の世界」を毎回切抜かれ、手製の小箱に大切に保存されていた話が、『小泉信三全集』別巻に記されている。

それをもれ承った佐藤は感激し、『美の世界』特製本一冊を献上した。許されるならお手許《てもと》の切抜きをお下げ渡しいただけまいか、とお願いした。妃殿下は快諾された。切抜き入りの小箱の表に墨で題簽《だいせん》を自書された。佐藤家に届けたのは、小泉である。

稀代の蔵書家、作家の井上ひさし氏とある時、珍本問答を交わした。その折、新聞小説の切抜きが話題に上った。井上氏も何冊か古書店で購入したらしい。落丁に遭遇し、がっかりしたと苦笑された。

「本の落丁よりショックが大きい。あれはどういうわけですかね?」「ご自分が切抜きの実作者になられているからですよ」「あ、なるほど」

毎日必ず切抜かなくてはいけない。ついうっかり切り忘れると、完全な冊子にならない。自分一人で楽しむ分には不都合ないが、これが古書店に払いだされる。新聞小説の切抜きは、けっこう引合いがある。文学研究では初出資料として重宝される。出版の際に、大幅な加筆や訂正が加えられるからだ。作家によっては、新聞にあった場面が、丸で違う光景に変わっていたりする。

古書店は切抜きに欠落がないか、冒頭から最後まで回数順番が正しいか、破損部分、落書きの有無などを調べなくてはならない。一ページずつ点検するから面倒である。

たとえば昭和五(一九三〇)年六月二十日より大阪毎日新聞で連載された、直木三十五の代表作『南国太平記』は、昭和六年十月十日に、四百二十回を以て終了した。四百二十枚確認することになる。紙は酸化しており、めくると藁屑《わらくず》のようにこぼれる。慎重に労《いたわ》りつつ、調べる。小説の切抜きが人気なのは、挿絵にもある。小説は書籍で

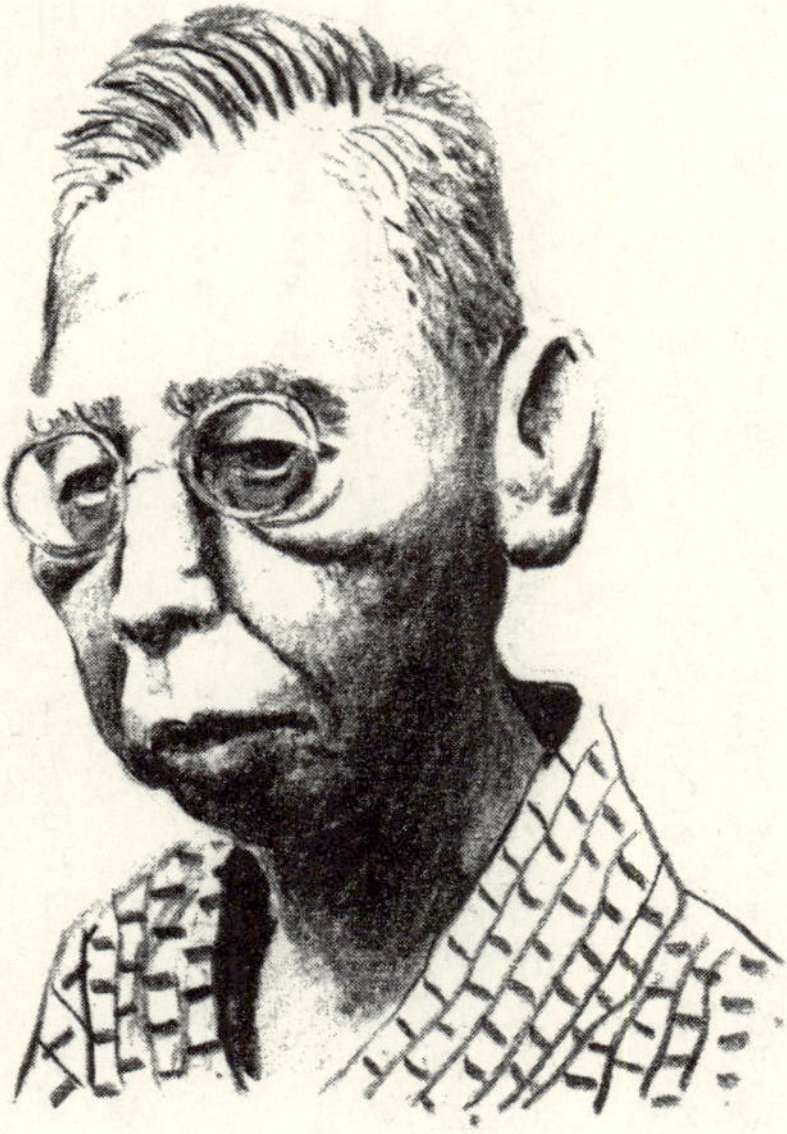

佐藤春夫

読めるが、挿絵は書籍で外される。だからスクラップを古書目録に載せる時は、挿絵画家を明記するのが鉄則である。『南国太平記』の挿絵は、石井鶴三。この絵の部分が破れていることが多い。切抜き製作者が、作家と画家のどちらに関心があるか、によって、保存の度合が異なる。文章派は絵を邪険にする。しかし切抜きの落丁は、挿絵めあての読者製が比較的多い。

手元に、明治四十五（一九一二）年五月二十三日から八月六日まで八十六回にわたって、大阪毎日新聞に連載された、小笠原白也《はくや》の小説『三人の母』の切抜きがある。二十センチ四方の、和綴じの冊子。この新聞は活字が大きい。挿絵は山本英春。絵も縦十二センチ、横十・五センチある。

物語はタイトル通りで、小学三年生の少年には、生みの母、育ての母、そして名義のみの母と三人おり、育ての母から少年を引き取るため、二人の母が苦労する。いかに少年を納得させるか。少年の父親はお定まり大金持ちで、生みの母は父の愛人だった。

当時流行の「家庭小説」で、腫物には墨を塗ると治る、お母さんが言ってたと子どもたちが語りあっている。いやだと駄々ける、などという古めかしい言葉が出てくる。

小笠原白也は大阪の人、本名を語咲《ごさく》といい小学校教師、大阪毎日新聞の懸賞小説に応募して、『嫁ケ淵』が当選、明治四十年一月から三月まで同紙に連載され、作家デビューした。のちに当の大阪毎日新聞記者になった。

小笠原には次の八冊の著書がある。『嫁ケ淵』明治四十年、金尾文淵堂刊。『女教師』明治四十二年、青木嵩山堂刊。『見はてぬ夢』明治四十三年、同社刊。『妹』同年、同社刊。『三人の母』大正二（一九一三）年、春陽堂刊。『此一票』（政治小説である）大正三年、同社刊。『いそがぬ旅』大正十三年、大阪毎日新聞社刊。『南朝山河の秋』大正十五年、盛文館書店刊。

この他に白也文庫が大正十五年頃刊行されたらしい。第二編『その夜』が記録されている。白也文庫がどのようなシリーズか、確認していない。

小笠原白也の著書を見ることも、稀れである。『三人の母』は、国会図書館にも所蔵されていないようだ。切抜きが貴重というより、毎日ていねいに切抜いて冊子に仕立て愛蔵した読者が存在した事実に、感動するのである。

スペイン風邪の義援出版

小川未明、危機脱し童話執筆

ちょうど百年前、世界中に流行性感冒が猛威をふるった。いわゆるスペイン風邪である。五億人が感染し、死者が推計五千万人という。わが国でも大正七（一九一八）年からの三年で二十二万人が亡くなった。『早稲田文学』主宰者の島村抱月《ほうげつ》もその一人であった。抱月に指導を受けた作家・小川未明も、一家四人がこれに罹患し、一時危篤になった。未明は二年前とその前と、たて続けに、貧乏生活で二児を亡くしていた。

窮状をみかねた早稲田大学の後輩・木村毅が、作家たちに義援を求めた。未明の友人、古川実と作家の水守亀之助の三人で相談し、作品を提供してもらい本にまとめ、印税を未明に贈ることに決めた。木村と古川が出版社を回って、協力を求めた。手を挙げたのは、新潮社である。

かくて未明の親友、作家の相馬御風《ぎょふう》と、学友だった評論家の片上伸《かたがみのぶる》が編者となり、

小川未明

未明の恩師であり筆名の名づけ親・坪内逍遥が、跋文《ばつぶん》を寄せて、三百八十二ページの上製本ができあがった。発行は大正九年二月二十五日。

書名を『十六人集』という。寄稿者の人数である。木村毅と水守亀之助は、裏方に徹した。逍遥は跋文がわりに、『馬琴に関する私の記憶』四十枚を提供している。

義援に応じた作家は、次の通りである（掲載順）。「序文　片上伸」「加能作次郎」「加藤一夫」「吉田絃二郎」「谷崎精二」「中村星湖」「久米正雄」「正宗白鳥」「藤森成吉」「江口渙」「秋田雨雀」「有島生馬」「芥川龍之介」「佐藤春夫」「菊池寛」「宮地嘉六」「広津和郎」「跋　坪内逍遥」

扉に、「小川未明氏に捧ぐ」とある。序文によると、十六人は必ずしも未明と親交ある者ばかりではないらしい。この企てであるを知り参加を申し出た者が数人いるという。「雑誌『新思潮』を中心とした一団の諸君の如く」とあるから、芥川、菊池、久米のことだろう。

未明とどのような関係があるか、調べると案外面白いかもしれない。

『十六人集』は定価一円八十銭。二カ月後には五刷を重ねている。未明一家は危機を脱し、全員回復した。未明は小説の執筆をやめ、少年少女のための童話を書き始めた。「王様の感心された話」「時計のない村」「赤い手袋」「鍬《くわ》の怒つた話」など、この年に執筆した。「ある時の兄と弟」もその一篇だが、小学生の兄弟が鈴虫三匹を捕ってきて、虫籠で育てる。ある日、弟が外で鳴く鈴虫の方が元気で声がよい、と兄に言う。そんなことはない、餌を与えてかわいがっているこちらの方がいい声だ、と反論する。外に出たくて悲しんでいる声だ、と弟。雨風に当たらず、食物に不自由しないので幸福と思って鳴いている、と兄。

秋が近づき、いろんな虫が庭先で鳴きだした。鈴虫の声が細くなった。弟は兄を説得し、草むらに逃がすことにした。暴風雨が来た。

それが去った晩、庭で鈴虫の声がした。一匹の声のみ聞こえる。悲しそうな声である。他の二匹は？　と弟。死んだのだろう、と兄。籠に入れておいたら死ななかったのに、と加えた。

弟がしみじみ述懐する。「『兄さん、短かい命で生れて来た虫を捕へるものではありませんね。早く死んでしまつて、可哀さうぢやありませんか？』」「兄は、この時、黙つて弟の言つたことに頷《うなづ》きました」

大病の翌年、未明は十八篇の童話をまとめ、天佑社《てんゆう》より出版した。名作の呼び声が高い、『赤い蠟燭《ろうそく》と人魚』である。

『十六人集』のような義援出版は、これが最初ではない。

明治三十六（一九〇三）年、尾崎紅葉の病気見舞いに、紅葉の門下生たちが作品を持ち寄り出版した。泉鏡花、徳田秋声、女性翻訳家の瀬沼夏葉、俳人の星野麦人、他である。水菓子の代わりの意を込めて、書名が『換菓篇』。印税を師に贈った。

病気見舞いの出版は、国木田独歩にも行われている。田山花袋、二葉亭四迷、岩野泡鳴、真山青果、他による『二十八人集』である。明治四十一年の刊。

更に翌年、こちらは文芸評論家・田岡嶺雲《れいうん》の「病床慰問集」と銘うって、『叢書《そうしょ》寄る波』が編まれている。大町桂月、笹川臨風、泉鏡花、高浜虚子、上田敏、他で、夏目漱石が『夢十夜』を提供している。内村鑑三も加わっている。明治四十二年刊。同年六月に、第二集が出ている。

また大正十四年十二月には、劇作家・小説家・岸田国士《くにお》の病気慰問名目で、『白葡《しろぶ》萄《どう》』が春陽堂より出版されている。山本有三の編集で、未明の義援をした芥川、菊池、久米の三氏が、ここでもひと肌脱いでいる。

これは義援でなく、祝賀の出版だが、花袋と秋声の生誕五十年のため、菊池や島崎藤村、未明らが『現代小説選集』を編み、印税を二人に贈っている。大正九年十一月、新潮社刊。

身近に感じられる

本作は『書物《ほん》の身の上』の標題で、「日本経済新聞」の二〇一九年十月十二日付から、二〇二〇年十月三十一日付の土曜日に連載されたもので、文庫化に当たって改題した。毎回、南伸坊さんが、主人公の似顔絵を描いて下さった。

さほど有名でない、昔の実在者の似顔絵を作るのは、これはむずかしい。第一、似ているか否か、判定する者は限られる。生前の写真が残っていない方もいる。南さんは文献を探しまわって、その方らしい雰囲気のプロフィルを取り上げて絵にして下さった。第一回の、高倉健を見よ。

私の文章からは想像できない未知の主人公たちが、南さんのおかげで、急に身近に親しく感じられるようになったのではないか。文庫化に当たって、南さんにもひと口加わっていただいた。新聞掲載時の挿絵を、そのままご覧いただく。

地味な素材と内容なのに、新聞の読者から意想外に多くの反響をちょうだいした。

『哲学者と糟糠の妻』の野村隈畔の雅号について、出身地の福島県伊達郡の旧半田村（現在は桑折《こおり》町半田地区）周辺の方や、隈畔研究家の方から、筆者の解釈が誤りであることを指摘された。私は「隈は山や川の入り組んだ所、畔は田畑のあぜ」と解したが、事実は、「福島県内を流れる阿武隈川の川べり」であった。

土屋敦雄さんという読者（おいくつくらいか不明）が、小さい時分に「隈畔を散歩する」という表現を遣った、とおっしゃっている。

しかし旧半田村は阿武隈川から四、五キロほど離れていて、どちらかというと山の麓にあり、明治大正の時代に、日常的に阿武隈川の散歩をしたとは考えられません（現在のような提防が築かれていたかどうか）。生母は桑折町出身だったので、小さい頃はよく訪れたが、半田地区を含めた桑折町では、住人と阿武隈川との関連はあまりなかった、うんぬん。

隈畔の縁者から丁重な長文の手紙をいただいたのも、嬉しかった。『文学から空へ』の武石浩玻では、浩玻の実兄・如洋のお孫さんから、筆者の知らない事柄を、これまた丁重につづった書簡をちょうだいした。お孫さんは堯《とおる》さんという。浩玻が飛行学校に入校する頃、兄のもとに次のような俳句が送られてきた。

「蛇穴をぬけて飛行に志し」

堯さんは言う。「さしたる門地もなく経済的にもさほど恵まれたわけでもなく、少年時代からの夢（文学志望）、それに伴う才能にも見切りをつけなければならない、という思いがこれには込められているように感じています。それにしても私は佳句であると思っています」

浩玻が帰国に当たって、一句及び一首を残している。まず俳句。

「興國の機運に巣つ小雀か」

堯さんは何もおっしゃらないが、巣つは「巣立つ」と読むのだと思う。

短歌は、「今更に老いたる父母に涙をば濺《そそ》がしむべく帰る我かな」

堯さんは言う。「『夢』に見切りをつけ、多分人にも話したであろう将来とは全く違っている自分に対して、忸怩《じくじ》たる思いがこの歌の裏側に見えるような気がいたします」

如洋夫人は、自分の帰郷がなぜ両親の涙になるのか。あるいは彼は自分の死が近いことを予感していたのかも、と常々語っていたという。なお如洋所持の浩玻書簡他一切は、水戸市立博物館に寄贈された。「前述の一句と一首について私の記憶が正確であるか自信がありません」と付記しておられる。

『九條武子の写真』だが、『無憂華』を四百版余売った実業之日本社の『百年史』に、載せられていない事項が一つある。武子夫人が亡くなられてまもなく、社では「才色兼備の夫人を永久に記念するため」、歌碑建設を思い立ち、設計を図案家の廣川松五郎に、夫人自筆の歌詞鋳造を鋳金家の高村豊周《とよちか》に依頼した。読者の寄付も受けつけることにし、一般に葉書で広告した。建設費の剰余金は、夫人の遺された慈善団体に寄付するとし、五十銭以上を寄付の方には、夫人の記念絵葉書四枚一組を進呈とある。また寄付者中の希望する者には、夫人の写真（カビネ形台紙付き）を、一枚実費五十四銭でお頒ちする。寄付と同時に当社歌碑係にお申し込み願う。

この葉書は『無憂華』と『歌集薫染』の両書に挟まれたもの。私製郵便葉書になっていて、ありし日の九條夫人と、歌碑設計予定図が描かれている。「寄付者の自筆芳名は歌碑と共に永久保存の方法を取ります」と注記があるが、歌碑は建立されたのだろうか。

『原抱一庵』の項で『カンヅメ』の語例をとりあげたが、昭和五年十一月二十日発行の、長岡規矩雄著『新時代の尖端語辞典』に、「罐詰芸者」の流行語が出ている。「蓄音機のこと。隠語としては誠に秀逸」とある。蓄音機は漱石の「野分」にも使用例があるが、これを罐詰になぞらえたのは、「尖端語」であろう。

高倉健の先祖、小田宅子《いえこ》の話題で締めよう。宅子は五カ月に及ぶ『東路日記《あずまじ》』で、江戸の見物もしている。泉岳寺に寄り、赤穂四十七士の墓参をした。大石内蔵助《くらのすけ》の墓にぬかずき、感きわまって落涙した。その節、一首詠んだ。

「もののふの守りし道の跡を見てこの石ぶみに散る涙かな」

百五十数年後、子孫は義士を描いた映画『四十七人の刺客』で、大石内蔵助の役を演じた。

二〇二四年七月中浣

出久根達郎

本書は「日本経済新聞」２０１９年10月12日付から２０２０年10月31日付までの土曜日に56回にわたり連載されたものをまとめた、文庫オリジナルです。

教科書で読む名作
羅生門・蜜柑 ほか　芥川龍之介

表題作のほか、鼻／地獄変／藪の中など収録。高校国語教科書に準じた傍注や図版付き。併せて読みたい名評論や「羅生門」の元となった説話も収めた。

現代語訳 舞姫　森鷗外　井上靖 訳

古典となりつつある鷗外の名作を井上靖の現代語訳で読む。無理なく作品を味わうための語注・資料を付す。原文も掲載。監修＝山崎一穎

こころ　夏目漱石

友を死に追いやった「罪の意識」によって、ついには人間不信にいたる悲惨な心の暗部を描いた傑作。詳しく利用しやすい語注付。（小森陽一）

続 明暗　水村美苗

もし、あの『明暗』が書き継がれていたとしたら……。漱石の文体そのままに、気鋭の作家が挑んだ話題作。第41回芸術選奨文部大臣新人賞受賞。

今昔物語（日本の古典）　福永武彦 訳

平安末期に成り、庶民の喜びと悲しみを今に伝える今昔物語。訳者自身が選んだ155篇の物語は名訳を得て、より身近に蘇る。（池上洵一）

恋する伊勢物語　俵万智

恋愛のパターンは今も昔も変わらない。恋がいっぱいの歌物語の世界に案内する、ロマンチックでユーモラスな古典エッセイ。（武藤康史）

百人一首（日本の古典）　鈴木日出男

王朝和歌の精髄、百人一首を第一人者が易しく解説。現代語訳、鑑賞、作者紹介、語句・技法を見開きにコンパクトにまとめた最良の入門書。

樋口一葉 小説集　樋口一葉　菅聡子 編

一葉と歩く明治。作品を味わうと共に詳細な脚注・参考図版によって一葉の生きた明治を知ることのできる画期的な文庫版小説集。

尾崎翠集成（上・下）　尾崎翠　中野翠 編

鮮烈な作品を残し、若き日に音信を絶った謎の作家・尾崎翠。時間と共に新たな輝きを加えてゆくその文学世界を集成する。

川三部作
泥の河／螢川／道頓堀川　宮本輝

太宰賞「泥の河」、芥川賞「螢川」、そして「道頓堀川」と、川を背景に独自の抒情をこめて創出した、宮本文学の原点をなす三部作。

兄のトランク　宮沢清六

兄・宮沢賢治の生と死をそのかたわらでみつめ、兄の死後も烈しい空襲や散佚から遺稿類を守りぬいてきた実弟が綴る、初のエッセイ集。

春夏秋冬　料理王国　北大路魯山人

一流の書家、画家、陶芸家にして、希代の美食家でもあった魯山人が、生涯にわたり追い求めて会得した料理と食の奥義を語り尽す。（山田和）

日本ぶらりぶらり　山下清

坊主頭に半ズボン、リュックを背負い日本各地の旅に出た〝裸の大将〟が見聞きするものは不思議なことばかり。スケッチ多数。（壽岳章子）

のんのんばあとオレ　水木しげる

「のんのんばあ」といっしょにお化けや妖怪の住む世界をさまよっていたあの頃——漫画家・水木しげるの、とてもおかしな少年記。（井村君江）

ねぼけ人生〈新装版〉　水木しげる

戦争で片腕を喪失、紙芝居・貸本漫画の時代と、波瀾万丈の人生を、楽天的に生きぬいてきた水木しげるの、面白くも哀しい半生記。（呉智英）

老いの生きかた　鶴見俊輔編

限られた時間の中で、いかに充実した人生を過ごすかを探る十八篇の名文。来るべき日にむけて考えるヒントになるエッセイ集。

老人力　赤瀬川原平

20世紀末、日本中を脱力させた名著『老人力』と『老人力②』が、あわせて文庫に！　ぼけ、ヨイヨイ、もうろくに潜むパワーがここに結集する。

東京骨灰紀行　小沢信男

両国、谷中、千住……アスファルトの下、累々と埋もれる無数の骨灰をめぐり、忘れられた江戸・東京の記憶を掘り起こす鎮魂行。（黒川創）

向田邦子との二十年　久世光彦

あの人は、あり過ぎるくらいあった始末におえない胸の中のものを誰にだって、一言も口にしない人だった。時を共有した二人の世界。（新井信）

東海林さだおアンソロジー
人間は哀れである　東海林さだお　平松洋子編

世の中にはびこるズルの壁、はっきりしない往生際……抱腹絶倒のあとに東海林流のペーソスが心に沁みてくる。平松洋子が選ぶ23の傑作エッセイ。

本屋、はじめました 増補版 辻山良雄

リブロ池袋本店のマネージャーだった著者が、自分の書店を開業するまでの全て。その後のことを文庫化にあたり書き下ろした。（若松英輔）

ガケ書房の頃 完全版 山下賢二

京都の個性派書店青春記。2004年の開店前からその後の展開まで。資金繰り、セレクトへの疑念など本音で綴る。帯文＝武田砂鉄（島田潤一郎）

わたしの小さな古本屋 田中美穂

会社を辞めた日、古本屋になることを決めた。倉敷の空気、古書がつなぐ人の縁、店の生きものたち……。女性店主が綴る蟲文庫の日々。（早川義夫）

ぼくは本屋のおやじさん 早川義夫

22年間の書店としての苦労と、お客さんとの交流。どこにもありそうで、ない書店。30年来のロングセラー！（大槻ケンヂ）

女子の古本屋 岡崎武志

女性店主の個性的な古書店が増えています。カフェを併設したり雑貨も置くなど、独自の品揃えで注目の各店を紹介。追加取材して文庫化。（近代ナリコ）

野呂邦暢 古本屋写真集 野呂邦暢
岡崎武志／古本屋ツアー・イン・ジャパン編

野呂邦暢が密かに撮りためた古本屋写真が存在する。2015年に書籍化された際、話題をさらった写真集が増補、再編集の上、奇跡の文庫化。

ボン書店の幻 内堀弘

1930年代、一人で活字を組み印刷し好きな本を刊行していた出版社があった。刊行人鳥羽茂と書物の舞台裏の物語を探る。（長谷川郁夫）

「本をつくる」という仕事 稲泉連

ミスをなくすための校閲。本の声である書体の制作。もちろん紙も必要だ。本を支えるプロに仕事の話を聞きにいく情熱のノンフィクション。（武田砂鉄）

あしたから出版社 島田潤一郎

青春の悩める日々、創業への道のり、編集・装丁・営業の裏話、忘れがたい人たち……「ひとり出版社」を営む著者による心打つエッセイ。（頭木弘樹）

ビブリオ漫画文庫 山田英生編

古書店、図書館など、本をテーマにした傑作漫画集。主な収録作家——水木しげる、永島慎二、松本零士、つげ義春、楳図かずお、諸星大二郎ら18人。

ぼくは散歩と雑学がすき 植草甚一

1970年、遠かったアメリカ。その風俗、映画、本、音楽から政治までをフレッシュな感性と膨大な知識、貪欲な好奇心で描き出す代表エッセイ集。

せどり男爵数奇譚 梶山季之

せどり＝掘り出し物の古書を安く買って高く転売することを業とすること。古書の世界に魅入られた人々を描く傑作ミステリー。（永江朗）

20ヵ国語ペラペラ 種田輝豊

30歳で「20ヵ国語」をマスターした著者が外国語の習得ノウハウを惜しみなく開陳した語学の名著であり、心を動かす青春記。（黒田龍之助）

ポケットに外国語を 黒田龍之助

言葉への異常な愛情で、外国語本来の面白さを伝えるエッセイ集。ついでに外国語学習が、もっと楽しくなるヒントもつまっている。（堀江敏幸）

英単語記憶術 岩田一男

単語を構成する語源を捉えることで、語の成り立ちを理解することを説き、丸暗記では得られない体系的な英単語習得を提案する50年前の名著復刊。

増補版 誤植読本 高橋輝次編著

本と誤植は切っても切れない⁉ 恥ずかしい打ち明け話や、校正をめぐるあれこれなど、作家たちが本音を語り出す。作品42篇収録。（堀江敏幸）

文章読本さん江 斎藤美奈子

「文章読本」の歴史は長い。百年にわたり文豪から一介のライターまでが書き綴った、この「文章読本」とは何ものか。第1回小林秀雄賞受賞の傑作評論。

読書からはじまる 長田弘

自分のために、次世代のために――。「本を読む」意味をいまだからこそ考えたい。人間の世界への愛に溢れた珠玉の読書エッセイ！（池澤春菜）

本は読めないものだから心配するな 管啓次郎

この世界に存在する膨大な本をめぐる読書論であり、ブックガイドであり、世界を知るための案内書。読めば、心の天気が変わる。（柴崎友香）

新版「読み」の整理学 外山滋比古

読み方には2種類ある。既知を読むアルファ読みと未知を読むベータ読み。『思考の整理学』の著者が現代人のための「読み」方の極意を伝授する。

ちくま文庫

本《ほん》の身《み》の上《うえ》ばなし

二〇二四年九月十日　第一刷発行

著　者　出久根達郎（でくね・たつろう）

発行者　増田健史

発行所　株式会社　筑摩書房

東京都台東区蔵前二―五―三　〒一一一―八七五五

電話番号　〇三―五六八七―二六〇一（代表）

装幀者　安野光雅

印刷所　三松堂印刷株式会社

製本所　三松堂印刷株式会社

ISBN978-4-480-43975-8　C0195